판을 까는
여자들

판을 까는 여자들

환멸나는 세상을 뒤집을 '이대녀'들의 목소리

신민주·노서영·홍라 지음

한겨레출판

프롤로그:
구절판을 걷어찰 때 이야기는 시작된다

구절판 행사들을 견디기 싫어졌을 때, 세 명의 '이대녀'는 이 책을 쓰기로 했다.

구절판 행사를 간략하게 설명하면 다음과 같다. 특정한 이슈에 대한 토론회에 온통 남성 패널을 부르고, 여성을 구색 맞추기로 딱 한 명만 섭외하는 행사. 구절판은 팔각으로 된 나무 그릇 가운데에 밀전병을 두고 주변에 오색찬란한 반찬을 까는 음식이다. 구절판 행사라는 말은 어느 날 한 여성 친구가 줌(zoom)으로 진행하는 토론회에 발제자로 섭외됐을 때의 상황이 기원이 되었다. 그날 행사에도 여성 발제자는 친구 외에 단 한 명도 없었다. 토론회가 시작되자 줌 화면은 친구 주위에 남성 발제자 8명이 배치된 모습이 되었다. 마치 구절판처럼.

구절판 행사에 대한 분노를 토로할 때마다 수많은 구절판 행사들이 있었다는 사실을 새롭게 깨달았다. 이대녀인 나와 내 친구들은 오색찬란한 다양한 반찬들 사이에 뚱하게 껴 있는 밀전병이 되어 모든 여성의 이야기를 대변해야 할 것 같은 책임감을 느꼈다. 내가 그들의 이야기를 하지 않는다면 이 토론회에서 여성은 없는 사람이 될 것이므로. 구절판 행사에 다녀온 날이면 우리는 "오늘 또 구절판 됐어"라고 말하며 쓰게 웃었다. 구절판 행사, 구절판 회사, 구절판 예능, 구절판 정치. 밀전병이 되어서라도 그 구절판에 오른 것을 우리는 다행으로 여겨야 할까.

구절판 행사들에 끊임없이 오르내리던 중, 우리에게 새로운 이름이 생겼다. 아니, 정확히 말하면 구절판 행사에서 절대다수를 차지하던 동년배 남성들에게 먼저 이름이 생겼고, 그들과 우리를 분간하기 위해 이름이 만들어졌다. 그들은 '이대남(20대 남성)'이라는 이름을, 우리는 '이대녀(20대 여성)'라는 이름을 부여받게 되었다. 이름들은 2021년 4월 실시된 서울시장 재보궐 선거 이후 탄생했다. 이대남들은 모든 세대를 통틀어 가장 높은 비율로 국민의힘을 찍었고, 이대녀들은 모든 세대를 통틀어 가장 높은 비율로 국민의힘도 더불어민주당도 찍지 않았다. 두 결과는 모두 충격적이었지만 이대남의 표심과 이대녀의 표심이 동등하게 비교되지는 못했다.

선거 직후 정치권에서는 이대남의 표심을 잡기 위해(혹은 떠나간 이대남의 표심을 되돌리기 위해) 부단히 노력했다. 군 가산점제 논의가 부활했고, 여자도 군대에 가야 한다는 말이 다시 나왔고, 유명 정치인들이 남초 커뮤니티에 갤주* 인증 글을 올렸다. 그러는 동안 이대녀들은 잊혀갔다. 이름이 만들어지자마자 정치의 영역에서 실종되어버린 이대녀들은 '젠더 갈등'이 심하다는 기사 속에서나 가끔 얼굴을 비치며 구절판 정치에 필요할 때만 언급되는 존재가 되었다. 애초에 이대녀들을 분석하기 위해서가 아니라 이대남의 반대 항으로 명명된 개념이었기에 당연한 일일지도 몰랐다.

그렇다면 과연 이대녀는 누구일까? 어떤 이야기를 하고 있을까? 그들이 보고 겪은 일은 어떤 종류의 것이었을까? 우리는 실종되어버린 이대녀들이 만들고 싶은, 구절판 바깥의 정치에 대해 이야기를 꺼내보기로 했다. 그런데 역설적으로, 그 이야기를 시작하기 위해 우리는 모든 이대녀를 대변하겠다는 마음부터 버려야 했다. 우리는 정치가 이대녀를 정치적 주체로 인정하게 만들어야 하지만, 동시에 이대녀를 마음대로 해석하고 하나의 단일 집단으로 축약하려는 욕심들에 저항해야 하기 때문이다.

우리는 이대녀들이 정치와 사회의 영역에서 더 많은 결정권자가 되기를 바란다. 서로 협력하여 무엇인가를 이루는 것을 보

* 인터넷 커뮤니티 '디시인사이드'에서 주로 쓰이는 인터넷 용어로, 커뮤니티 내부 게시판 '갤러리'의 주인을 가리키는 말.

고 싶은 만큼, 경쟁하고 싸우고 성장하는 모습도 보고 싶다. 나이와 성별보다는 역사와 목표, 노력과 결실이 이대녀를 설명하게 되는 날이 오기를 바란다. 이대녀를 균질한 집단으로 일축하는 정치에서는 이대녀를 숫자로만 볼 뿐 인간으로 조명하지 않는다. 우리는 정치인들 머릿속의 표 계산에서 '1'로 표기되기 위해서가 아니라 이대녀도 사람임을 주장하기 위해 이 책을 쓰기 시작했다. 다양한 욕망을 가진 이대녀가 등장하고 그 수가 많아지는 것이, 젊은 여성들이 더욱 다채롭게 원하는 사회를 구현하는 데 도움을 줄 것이다.

그래서 우리 세 저자들은 이 책에서 전체 이대녀가 선택해야 할 정치적 이상향 따위를 제시하지 않았다. 이대녀가 모두 똑같은 정치적 이상향을 가져야 한다는 말에는 이대녀를 개인으로 보지 않는 시선이 묻어 있다는 것을 아주 잘 알기 때문이다. 우리가 모든 이대녀를 대변할 수 있다는 거짓말도 하지 않았다. 아직 많은 정치인들이 눈치채지 못한 것 같지만 이대녀는 이대남만큼 다양하고 욕심쟁이이며 할 이야기가 많다.

우리는 전체 이대녀를 분석하고 도식화하여 하나의 집단으로 뭉뚱그리기보다 다양한 이대녀들이 스스로 나서서 말할 수 있는 정치적 토양을 요구하는 일을 해보기로 했다. 이대녀의 입장을 대변하는 정치인의 탄생을 오매불망 기다리는 것보다 우리 스스로 자신을 대변하기 위해 판을 까는 것이 더 쉬웠기 때문이다. 이대녀가 정치를 할 수 있는 토양이 완성된다면 아마 우리는 한 묶음으로 뭉뚱그려지는 것이 아니라 진짜 우리가 가진 이름으로 불릴 수 있을 것이다. 그 속에서 함께 협력하고 싸우고 경쟁하며 성장할 수 있기를 바란다.

페미니즘 백래시(backlash, 반발)[*]가 그 어느 때보다 거세게 몰아치는 2021년과 2022년, 새로운 판을 까는 이대녀들이 등장하고 있다. "그래서 보수야? 진보야?"라는 지겨운 질문 대신 나 자신을 위한 답을 찾기 위해 노력하고 있는 이들도 많다. 척박한 시대에 고군분투하는 모든 이대녀들을 응원한다. 가장 큰 위기를 겪은 이후 인간이 성장하듯, 페미니즘 백래시가 지나간 이후의 우리들은 더욱 단단해질 것이다.

이제 구절판 정치와 구절판 사회 속에서 보이지 않았던 여자 이야기 천지인 책을 시작할 때가 되었다. 남자 이야기뿐인 세상에서 여자 이야기 천지인 책을 내는 것이 세상의 균형을 되돌리는 데 조금이나마 기여하길 바란다. 무엇보다, 책장을 넘기는 것과 동시에 이 책을 읽는 당신의 정치도 시작되기를 바란다.

---

* 수전 팔루디는 1980년대 레이건 정부의 신보수주의 물결 아래 언론, 대중매체, 정치 등 거의 모든 분야에서 페미니즘과 여성을 상대로 하는 일관된 공격의 기운을 감지하고, 이러한 현상에 '백래시'라는 이름을 붙였다. (출처: 수전 팔루디, 황성현 옮김, 《백래시》, arte, 2018.)

당신이 만약 이대녀라면('삼대녀'도 상관없을 것 같다) 이 책을 읽은 후에는 '내가 틀린 것은 아닐까?'라는 마음보다 '그래, 역시 내가 맞았어'라는 오만한 마음을 가질 수 있기를 바란다. 세상이 온통 젊은 여자들에게 겸손을 강요하는 판에 스스로 겸손해지기 위해 더욱 노력하는 것은 이제 그만해도 될 것 같다. 오만하고 건방지고 되바라진 여자들이 만드는 세상을 이제는 시도해보아야 하니까. 구절판에 오르기 위해 고군분투하는 대신, 구절판은 걷어차고 새 판을 까는 여자들이 되자.

자, 이제 이야기를 시작해보자.

2022년 2월

신민주, 노서영, 로라

| 차례 |

2부 · 백래시에 맞서다

3부 · 우리가 가진 이름으로

1부
이대녀로 산다는 것

국회 보좌관은 왜 다 중년 남성일까

└ 신민주

벨이 울렸다. 첫 신호음이 끊기기
도 전에 전화기를 집었다. 의원실에서 일한 지 일주일 만에 가장
먼저, 그리고 가장 빨리 체득한 일이었다. 막내이자 가장 늦게 들
어온 비서로서 전화를 빨리 받아야 한다는 강박관념이 있었다.
"○○○의원실입니다." 그때부터 전화기 너머 샤우팅이 시작되었다.
법안을 철회하라고 요구하는 전화였다.

놀라운 일은 아니었다. 국회에서 다루어지는 법안에 대해서
는 다양한 의견이 존재할 수 있고, 법안에 대해 다양한 의사 표
현을 하는 것은 국민의 권리이다. 의원실에서 일하는 직원이라면
누구나 항의 전화를 받는다. 그래서 새로울 것이 없는 전화였다.
그런데 그날 전화 내용은 평소와 조금 달랐다. 전화를 건 사람은
법안의 내용을 문제 삼는 것이 아니라 전화를 받는 사람을 문제
삼고 있었다. "정책 담당자에게 전화 바꿔주세요." 그가 단호하게

외쳤다.

"아니요, 선생님. 저랑 대화하시면 돼요."

"정책 담당자 바꿔달라니까요?"

"제가 담당자예요. 저랑 통화하시면 돼요."

"더 높은 사람 바꿔달라니까요!"

대화가 도돌이표처럼 반복되었다. 슬슬 열이 받기 시작했다. 정책에 대해 토론하는 것이 아니라 나 또한 정책을 담당하는 비서라는 사실을 알리기 위해 싸워야 한다니. 젊은 여성은 정책을 담당할 리가 없다는 고정관념이 말끝에 뚝뚝 묻어나는 것 같았다. 그는 '더 높은' 남성 보좌관, 즉 어린 여자애보다 훨씬 정책을 잘 알고 더 전문적인 사람으로 전화를 바꿔달라는 요구를 하고 있었다.

전화를 바꿔주는 대신 차근차근 법안을 찬성한 이유에 대해 설명하기 시작했다. "선생님, 해당 법안에 저희 의원이 공동 발의를 한 이유를 설명드릴게요." 전화가 길어지면 이메일을 통해 문의를 받는 게 일반적인 루트지만, 왠지 그날은 그러고 싶지 않았다. 그러자 그는 설명이 채 끝나기도 전에 훨씬 크게 소리를 치며 화를 내기 시작했다. "박정희 대통령 때가 좋았어! 박정희 대통령이 있었으니까 너네들이 이만큼이라도 사는 거야! 어디서 감사한 줄 모르고!" 그는 갑자기 생뚱맞게 박정희 대통령을 거론하더니 전화를 먼저 뚝 끊어버렸다. 그가 '더 높은 사람'을 바꿔주지 않은 나에게 화가 난 것인지, 아니면 법안 내용에 화가 난 것인지 알 도리가 없게 되어버리고 말았다.

우리의 대화는 비록 우호적이지 않았으나, 고백하자면 나는 수화기를 내려놓은 후 매우 뿌듯했다. 어린 여자는 정책을 논의할 수 없다는 세상의 편견과 다르게 (비록 그가 잘 들었는지 자신이 없으나) 나는 훌륭하게 정책을 설명했다. 그러나 뿌듯함도 잠시, 곧바로 찜찜한 마음이 엄습해오기 시작했다. 전화가 끊어진 후 이 일을 보고하려고 고개를 든 순간, 사무실을 가득 채우고 있는 40대 그리고 50대 보좌직원들을 마주해야 했기 때문이다. 정책 담당자 중 20대 여성이 정말로 나밖에 없었다.

2명의 4급 보좌관은 50대 남성, 2명의 5급 비서관은 30~40대 남성, 1명의 6급 비서는 40대 남성. 나는 8급 비서였다. 1명의 비서가 퇴사 예정이었기 때문에 사무실에 있는 9명의 직원 중 여성은 나 포함 딱 2명이었다. 내가 틀렸고, 항의 전화를 한 사람이 맞았다. 그가 말한 대로 나는 정책을 담당하는 의원실 직원 중 가장 어렸고, 가장 직급이 낮았으며, 유일한 여성이었고, 그래서 결정권도 발언권도 작았다. "더 높은 사람"은 실제로 나이 많은 남성이었다.

다른 의원실 상황도 전혀 다르지 않았다. 9급 비서의 경우에는 아예 '9급 여비서'라고 불릴 때도 있었다. 9급 비서는 대부분 여성이며, 대부분 행정 일을 맡기 때문이다. 이수진 더불어민주당 의원이 2020년 말에 공개한 자료에 따르면, 4급 보좌관의 91.9퍼센트는 남성이었다. 5급 비서관의 경우 76.5퍼센트가 남성, 6급 비서 또한 거의 70퍼센트가 남성으로 이루어져 있다. 의원실에서 일하는 고위급 보좌관들은 대부분 남성인 것이다. 여성 국회의원만 부족한 것이 아니라 여성 국회의원 보좌직원, 그중에서도 고위급 여성 국회의원 보좌직원은 턱없이 모자랐다.

유일하게 여성 보좌관이 많아지는 직급은 8급과 9급 공무원이었다. 8급 여성 비서는 53퍼센트, 9급 여성 비서는 59.9퍼센트였다. 직급 차이가 성별을 근거로 극명하게 갈리다 보니 여성 보좌진 평균 임금은 남성 보좌관 평균 임금보다 136만 원가량 적다. 이 수치가 이상하다는 사실을 아는 까닭인지, 아무도 의원실 내부 보좌직원들의 성비를 공개하지 않는다. 형편없는 고위급 여성 보좌직원 비율은 공공연한 비밀이다. 다 알지만 모두 모르는 척하는. 법을 만들고 바꿔야 하는 국회에서부터 성별 임금격차 문제가 만연하니 사회의 성별 임금격차 문제가 해소될 리 없다.

국회 복도를 돌아다니고 공공 화장실을 이용할 때면 나와 비슷한 20~30대 젊은 여성 보좌직원들이 돌아다니기는 했다. 그러나 중년 여성 보좌직원을 마주친 경험은 많지 않았다. 마주친 남성 보좌직원들 중에서 중년 남성이 매우 많았던 것과는 반대였다. 국회에서 일하던 여성들은 중년이 되어 모두 어디로 갔을까. 임신을 한 후 해고된 여성 보좌관의 이야기들이 공기 중에 둥둥 떠다녔다.

복도에서 마주친 젊은 여성들은 소속된 의원실에서 무슨 업무를 할까. 그들은 의원실에서 정책을 논의하는 테이블에 앉을 수 있을까. 8급, 막내, 유일한 20대 여성 비서인 내가 정책을 고민하는 파트를 맡은 것이 희귀한 일이라는 사실을 알기까지는 그리 오랜 시간이 필요하지 않았다. 그랬다. 나는 '여성임에도', '20대임에도' 특수하게 정책을 고민할 '기회'를 얻은 사람이었다. 그래서 운이 좋았다. 그렇지만 전체의 관점에서 그것은 불행한 일이었다.

제21대 국회 국회의원 여성 비율 19퍼센트, 정책과 사업을 총괄하는 4급 보좌관 여성 비율은 8.1퍼센트. 2019년 기준 국회의원 보좌직원 예방교육(폭력예방교육, 성인지교육, 장애인식개선교육, 아동학대예방교육이 포함된 법정 의무교육) 이수 비율은 1.33퍼센트였다.[*] 이 모든 수치들은 국회에서 페미니즘 관련 법안이 뒷전이 되는 이유를 설명해주었다. 이대녀들의 분노를 이해할 수 없는 국

<hr />

[*] 오늘의정보공개청구, 〈(충격) 국회 보좌직원들의 성폭력 예방 교육 이수율, 1%에 불과?〉, 《투명사회를 위한 정보공개센터》, 2021년 4월 14일

회에서 정치의 현안이 모두 50대를 주축으로 한 중년 남성의 구미를 당기는 것으로 구성된 일은 놀라운 일이 아니었다.

몇 안 되는 국회 내 페미니스트들이 겨우겨우 페미니즘 법안을 생각해 내더라도 너무 많은 항의에 지쳐 입법을 포기해버리는 일도 부지기수였다. 여성과 소수자에 대한 차별을 금지하는 차별금지법에 동의 서명을 했다는 이유로 내가 일했던 의원실에는 하루에 총 200건이 넘는 항의 전화가 왔다. 페미니즘을 주장하는 한 여성 의원의 보좌직원은 항의 전화를 너무 많이 받다가 정신과 치료를 받아야 했다. 페미니스트 국회의원과 일하는 페미니스트 보좌직원들도 이만큼이나 고생하는데 안티페미니스트 국회의원, 혹은 페미니즘에 전혀 관심이 없는 국회의원과 일하는 페미니스트 보좌직원들은 아마 상황이 더욱 나쁠 것이다.

나는 의원실에서 얼마 일하지 못하고 퇴사했다. 소수 정당 의원의 비서로서, 그중에서 8급 비서로서, 그중에서 유일한 정책 담당 20대 여성으로서, 변변한 박사 학위도 없는 사람으로서 할 수 있는 게 별로 없다고 느껴서였다. 국회에서 나는 좀 외로웠다. 페미니스트 국회의원과 함께 일했지만 외로움은 사라지지 않았다. 오로지 성과를 통해 능력이 증명되는 국회라는 사회 속에서 페미니즘으로 성과를 내는 것은 매우 어려웠고, 함께 그 지난한 길을 걸을 동료 보좌직원들도 없었다. 페미니즘에 닫혀 있는 국회 전반이 변화하지 않는 한 누군가는 타협하고 포기하는 일을 반복해야 했다. 굳어 있는 의원실 내부의 조직 체계는 덤이었다. 어느 순간 이곳에 내가 하고 싶은 일이 더 이상 남아 있지 않다는 사실을 깨달았을 때 나는 미련 없이 '좋은 직장'인 국회의원 비서직을 그만두었다.

페미니스트들이 섬처럼 서서 여성혐오와 성차별의 파도를 마주하고 있는 국회를 바꾸기 위해 무엇이 필요할까. 국회에서 일하기 전에는 "남성 정치인들도 페미니즘에 대해 이야기하지 않을 수 없는 분위기를 만들어야 한다"라고 입버릇처럼 말했지만, 국회에서 일하고 난 후 그 말이 얼마나 낭만적인 말이었는지 알게 되었다. 페미니즘 정책을 개발하는 사람이 젊은 여성으로만 상정되는 게 억울했는데, 막상 국회에 가보니 그 '페미니즘 정책을 담당하는 젊은 여성'조차 거의 존재하지 않았던 것이다.

아마 비슷한 일은 정당 내부에서도 일어날 것이다. 선출직을 포함해 모든 정당 직원들의 성비와 임금의 액수를 비교한다면 어마어마한 차이가 날 테니까. 30퍼센트도 되지 않는 여성 국회의원 성비는 10퍼센트도 되지 않는 4급 여성 보좌관 수와 깊은 관련이 있을 것이고, 정당 내 체계에서 고위직인 여성의 비율과도 관련이 있을 것이다.

국회 내 모든 의원실 보좌직원들의 성비와 급수, 정당 내 모든 선출직과 당직자의 성비와 직책 및 임금이 모두 공개된다면 그 결과는 아주 충격적일 것이다. "이렇게나 여자가 모자랐다니!" 사람들은 입을 모아 그렇게 말하며 정치 내부에서 실종된 여성의 존재를 한 번 더 기억하게 될 것이다. 정치는 젊은 여성에게 기회를 주지 않으면서 젊은 여성들의 능력을 탓하기 바빴다. 구색 맞추기로 딱 한 명, 아주 소수의 여성이 정치에 진입하는 것을 허가하고 그들이 여성혐오와 외롭게 싸우는 동안에는 방관했다. 그러고 나서 그들이 마침내 나가떨어졌을 때 "거봐, 여자들은 멘탈이 약해서 안된다니까"라는 말을 뒤에서 했다.

나는 정치하는 이대녀가 외롭지 않기를 바란다. 그러기 위해 더 많은 이대녀들이 정치권에 들어가야 한다. 그러나 그건 그들의 의지와 노력만으로 가능하지 않다. 언제까지 자원과 동료 없는 판에 이대녀를 밀어 넣고 그들을 탓하고만 있을 것인가. 이대녀가 좋은 정치인이 될 수 있도록 자원과 인력을 투입하는 것도 정치의 과제가 되어야 한다. 여성 지역구 국회의원 30퍼센트 공천 의무화라는 '무시무시하고 어마어마한 꼴페미 공약'은 그런 의미에서 너무 온건하다. 나는 그것을 넘어 페미니스트 이대녀 정치인이 최소한 두 명 이상의 페미니스트 동료를 만날 수 있기를 바란다. 정당과 국회 내 성별 임금공시제, 정당 내부의 청년 여성 정치인 육성, 국회와 정당 내 성평등교육 강화 등 많은 것들을 시행해볼 수도 있다. 어쨌든, 이대녀를 등용하지도 않으면서 성차별과 여성혐오 논란이 있을 때만 그들을 방파제 삼는 비겁한 정치가 끝나길 바란다.

이대녀는 정말 정치에 관심 없을까

└ 노서영

2021년 4·7 서울시장 재보궐 선거 이후 정치권은 1999년에 위헌 판결을 받은 군 가산점제의 부활 카드를 다시 꺼내들며 노골적으로 이대남에게 구애하기 시작했다. 페미니즘에 대한 반발심으로 20대 남성이 오세훈 당시 국민의힘 후보에게 다른 어떤 연령보다도 표를 몰아줬다는 분석 때문이었다. 하지만 이러한 분석에 4·7 재보궐 선거가 더불어민주당 소속 지방자치단체장들의 성추행 사건으로 인해 실시되었다는 사실은 간과됐다. 정치에 가장 관심이 없으리라 여겨지고 그러기를 요구받은 18~19세 여성과 20대 여성의 15퍼센트가 거대 양당을 이탈해 완전히 새로운 정치에 표를 던진 용기와 동기도 크게 주목받지 못한 채, 이대녀의 투표 결과는 '사표' 이상으로 해석되지 못했다. 반면 이대남은 투표만으로 조명받을 수 있었고, '역차별' 호소에 공감하는 유력 남성 정치인들의 대선 공약 속에 주체로 안착할 수 있었다. 반페미니즘 정치에 앞장섰던 30대 남성 정치인의 제1야당 당대표 당선이라는 백래시의 물결이 이어졌다. 주요 언론과 거대 양당은 우리 곁에 없으니 여기에 적어본다. 이대녀는, 나는 어쩌다 제3지대에 투표하게 되었을까?

"자, 고3은 사람이 아니에요." 대학을 잘 보내기로 소문 난 수학 선생님이 우리 반 담임이 되었다. 우리는 씁쓸하게, 그러나 반쯤 동의하는 얼굴로 웃었다. 공부만 할 것, 사람이 아닐 것이 요구되던 시절이었다. 친구들은 고3이 되자 공부에 집중하기 위해 스마트폰을 버리고 전화와 문자 기능만 있는 '공신(공부의 신)폰'이나 중학교 때 쓰던 폴더폰으로 바꿨다. 전자사전 앱을 쓰려고 스마트폰을 그대로 사용하는 사람은 나를 포함한 한두 명 정도가 다였다.

실은 포털의 정치 기사와 관련 댓글을 읽는 게 재밌었다. 영단어의 뜻을 외우고 앞뒤 맥락도 없는 지문을 해석하는 것보다는 내가 부딪치는 세상의 이야기가 좋았다. 그러다 4월 16일이 왔다. "수학여행 간 배가 침몰했대." 어떤 선생님이 말했고 나는 몰래 포털에 떠 있는 뉴스를 클릭했다. 나보다 한 살 어린 또래 학생들이 많이 타고 있던 것 같았다. 며칠 동안 속보 탭을 새로고침 하며 눈물을 훔쳤다. 그러던 어느 날, 이 참사와 거리를 두어야겠다고 마음먹었다. 중간고사가 다가오고 있었다. 다른 반 애가 자율학습실 앞 게시판에 붙여놓은 유가족 단식 농성 소식지를 교무실에서 철거했을 때에도, 같은 반 친구가 광화문 분향소에 헌화하러 가자고 제안했을 때에도 외면했다.

스무 살이 되어서야 세월호 분향소를 찾아갔다. 나한테는 봄이 왔지만, 어떤 사람들은 여전히 겨울을 살고 있었다. 하지만 불과 1년 사이에 여론은 바뀌었고, 사람들은 진상 규명을 위해 싸우는 유가족들을 향해 '정치적'이라며 손가락질하기 시작했다. 대학교 1학년의 술자리에서는 공부, 연애, 여행 같은 주제의 이야기들만 허용됐다. 친구들과 학내에서 세월호를 기억하는 추모 행사를 진행했을 때도 학교는 강의실 대관을 반려했고 동기들은 참여를 꺼렸다. 세월호 참사 진상 규명을 촉구하는 서명운동에 동참할 사람을 찾아 과방들을 돌아다니면 나는 유난히 진지하게 구는 불편한 존재가 되었다. 더 이상 수험생 신분도 아닌데 모두 나에게 그러면 안 된다고 눈치를 주는 것 같았다. 당시 세월호와 연관된 일들이 불온한 일이 되어버린 건 그것이 그만큼 사회구조적인 참사였기 때문이었다. '평범한' 대학생, '취준생', 직장인으로 살아가려면 정치에 너무 많이 관여해선 안 되는 게 이 세상의 암묵적인 규칙임을 깨닫기까지 그리 오랜 시간이 걸리지 않았다.

한편 선거철마다 '20대 개새끼론'이 들려왔다. 고3은 정치에 관심 갖지 말고 죽은 듯이 살라 하더니 20대는 정치에 관심이 없

다고 욕을 한다. 애초에 20대가 정치에 적극적으로 참여할 수 있
는 여건은 마련되어 있었나? 20대의 목소리를 실제 행정에 제대
로 반영한 적은? 20대에게 투표권 이외의 더 많은 기회와 자리를
내어줄 의지가 있었나? 10대에게 투표 이상의 정치 참여를 허락
한 적은? 정치에 대한 거부감이 생길 수밖에 없는 현실보다 이제
막 투표권을 갖게 된 20대 탓을 하는 것이 쉬웠을 뿐이다.

　20대 여성의 울분 섞인 증언이 인터넷과 온 거리에서 터져
나온 건 2016년 강남역 여성 살해 사건을 기점으로 일어난 페미
니즘 리부트(reboot, 재시동) 때였다. "개인적인 것이 가장 정치적
인 것"이라는 페미니즘 구호는 나에게도 새로운 언어로 다가왔다.
억울하고 부당한 죽음과 고통을 그만 보고 싶었다. 일상 속 여성
혐오, 광고 속 여성혐오, 정치인의 여성혐오 발언을 더 이상 참고
싶지 않았다. 그런 만큼 이대녀들은 말하기를 멈추지 않으며 정
치적 주체로서, 시민으로서 스스로를 자리매김해나갔다. 유력한
대통령 후보가 스스로를 '페미니스트 대통령'이라 자임하는 장면
도 만들어냈다. 물론 금방 배신당하고 말았지만.

　2016년 행정자치부(현 행정안전부)는 저출생 대책이랍시고 지
역별 가임기 여성의 인구분포를 표시한 '대한민국 출산지도'를 내
놓았고 우리는 출산 기계가 되었다. 동등한 사회 구성원이 아니
라 그저 숫자였고 점이었다. 정부가 저출생의 원인을 '이기적인'

여성으로, 사회 문제의 해결 주체를 오직 남성으로 상정했기에 만들어진 시대착오적인 서비스였다. 출산지도는 출시 직후 강력한 비판을 받았지만 행정자치부는 제대로 된 사과 없이 두 차례의 수정 공지문 게재로 서비스를 중단하며 논란을 일축했다.

같은 해 일회용 생리대에서 발암물질을 비롯한 유해 물질이 검출되었지만 결과는 '생리대 초특가 세일'이었다. 여성들은 유기농 생리대 리스트를 공유하며 값이 비싸더라도 안전한 해외 상품을 구입하거나, 면 생리대나 월경컵 등 다른 월경 용품으로 갈아타거나, 그게 어려우면 유해 물질 검출 상품으로 보도돼 헐값이 된 생리대를 계속 사용하는 것밖에 선택지가 없었다. 소비자들의 운동으로 겨우 전수조사와 피해 보상이 진행되었지만 업체는 사과는커녕 이 문제를 공론화한 시민단체에 소송을 걸었고* 환경부는 4년에 걸친 1·2차 일회용 생리대 건강영향조사가 2021년 4월 마무리되었음에도 아직까지 결과를 공개하지 않고 있다. 만약 대부분의 두루마리 휴지 상품에서 유해 물질이 검출되었어도 이렇게 얼렁뚱땅 넘어갈 수 있었을까?

4·7 재보궐 선거 직후, '오조오억(많음을 강조하는 말)', '허버허버(음식을 급하게 먹는 모습)', 심지어는 집게손가락**이 들어간 모든

---

* 생리대 안전성 문제를 처음 제기했던 여성환경연대는 2021년 11월, 4년간의 싸움 끝에 재판에서 이겼다.

이미지가 '남성혐오'라는 억지 주장에 기업과 공기관이 사과문을 내고 이를 언론이 무분별하게 받아쓰는 일이 이어졌다. 다이어트 식품 쇼핑몰 랭킹닭컴은 고추맛 소시지 광고에 집게손가락 이미지가 들어갔다는 이유로 책임을 "통감"하고 진수조사를 선언했다. 카카오뱅크도 스마트폰 앱 광고 속 캐릭터의 집게손가락 포즈가 이슈가 되자마자 해당 광고 이미지를 내리고 사과했다. 집게손가락 이미지 사용으로 가장 먼저 이슈가 됐던 GS리테일은 마케팅 팀장을 보직 해임하고 디자이너를 징계하기까지 했다.

인천 지하철 역사 스크린 도어에 붙어 있던 황사·미세먼지 국민행동요령 홍보물 속 창문을 열어 환기하는 남성 캐릭터의 손가락 모양에 관심이 집중되자 홍보물을 즉시 수정하고 공식 사과한 행정안전부의 태도는 '대한민국 출산지도' 때와 달라도 너무 달라 무력감마저 안긴다. 손가락 이미지가 과연 무엇을 얼마나 의도하고 그려진 것인지, 어떤 구체적인 피해를 낳았는지는 고

•• 극우 성향의 남초 커뮤니티 '일간베스트'의 유저들은 'ㅇ'과 'ㅂ'을 형상화한 상징적인 손 모양으로 서로의 존재를 인증했다. 2015년 당시 남성들의 온라인 여성혐오 문화를 비판적으로 모방하며 등장했던 여초 커뮤니티 '메갈리아'는 여성을 비롯한 사회적 약자를 멸시·비하하는 게시물마다 사용되었던 일간베스트의 손 모양을 미러링해 한국 남성의 성기 크기를 조롱하는 의미의 집게손가락 모양을 커뮤니티 로고로 썼다. 메갈리아는 당해 사라졌지만, 오늘날 그저 물건 집는 모습을 묘사하는 데 쓰이는 집게손가락 이미지는 '남성혐오'의 상징 코드로 무분별하게 공격받고 있다. (메갈리아와 '남성혐오'에 대해서는 뒤의 글 '국가가 차별을 차별이라 말할 때'에서 더 자세히 다룬다.)

려하지 않은 채 그저 논란을 일으켰다는 이유로 공식적인 사과와 담당자 해고까지 가능하다니. 공식 사과와 신속 대응의 기준에도 성별 권력은 분명하게 작동한다고 말할 수 있겠다.

15.1퍼센트, 4·7 재보궐 선거에서 제3지대에 투표한 20대 여성들과 함께하는 소규모 토론에 참여한 날이 있었다. 기본소득당 신지혜, 미래당 오태양, 여성의당 김진아, 진보당 송명숙, 무소속 신지예 후보에게 투표했던 이대녀들이 모여 각 후보를 지지한 이유와 이대남을 중심으로 이루어진 선거 결과 풀이에 대한 생각을 나누는 자리였다. 여러 논의가 있었지만 공통적으로 다들 어느 정도 화가 나 있었는데, 그건 자신의 표가 사표가 되어서가 아니라 거대 양당으로 대표되는 정치권이 이대녀의 표심에는 관심이 없다는 이유 때문이었다.

페미니즘 때문에 이대남이 떠나갔다고 하지만 정작 떠난 건 이대녀였다. 낮은 출생률은 여성 탓을 하면서 여성의 건강권에 대해서는 모르는 척해서, 페미니스트 대통령이라는 약속을 지키지 않아서, 평생 여성운동과 함께했다면서 성추행을 저지르고도 잘못을 시인하기는커녕 무책임한 죽음을 택해서 이대녀는 떠났다. 그래서 대안적인 정당, 새로운 후보, 다른 정치를 찾아 이것이 '우리의 정치'라고 말했던 거였다. 우리가 정치에 관심 없는 게 아니라 정치가 우리의 문제를 소외시킨 것이라고. 이것이야말로 아주 정치적인 일이고 아직도 '20대 개새끼론'이나 펼치면서 정치를 남성의 영역으로만 사고하는 사람이야말로 '정치에 관심 없는' 사람이라고, 이대녀의 표는 말하고 있었다.

성폭력 사건이 발생하면 스캔들로 소비하고 정쟁의 도구로만 활용하며 약간의 법 개정으로 무마하려는 정치에는 더 이상 표를 주고 싶지 않았다. 미투, N번방, 그다음을 잇는 피해는 막아야겠다는 의지의 표명이기도 했다. 세월호 참사에서 N번방 사건으로 이어지는 슬픔과 분노의 기억을 품고 더 나은 사회로 나아가는 방법은 아무래도 정치뿐이라는 탄식이자 마지막으로 거는 기대였다.

정치가 '불온한 것'에서 건져질 때 그에 대한 관심과 참여는 더 넓고 깊어질 수 있지 않을까. 정치인 한 명, 법 조항 하나가 바뀐다고 해결되지 않는 문제임을 누구보다 잘 알기에 아마 우리의 사표 투척은 계속될 것이다. 더 이상 사표가 되지 않을 때까지, 적어도 그 의미를 제대로 읽어낼 수 있는 사회가 될 때까지. 그러다 보면 지금의 나를 비롯한 이대녀들도 나이가 들겠지만 다음 이대녀, 다다음 이대녀와 뜻을 함께하기 위해 마음까지 늙지는 말아야겠다는 생각이 든다. 너무 많이 늦어지지는 않았으면 좋겠다.

이대녀가 트위터로 향한 이유

└ 로라

'자기소개 빙고'라는 것이 있다. 코
로나로 대부분의 대면 행사가 멸종되기 전에 페미니스트들은 다
들 얼굴 보고 모이는 행사들을 잔뜩 기획하곤 했다. 그렇게 페미
니스트라는 것 말고는 아무 공통점도 없는 사람들이 잔뜩 모이
면 서로 인사를 하고 소개를 해야 하는데, 그 어색한 시간을 조
금이라도 즐겁게 보내보려는 목적으로 하는 것이 자기소개 빙고
다. 룰은 간단하다. 흔히 아는 5×5의 빙고 판이 있고, 각 칸에
해당하는 질문들이 제시된다. 그리고 처음 보는 사람들에게 인사
를 하고 다니면서 그 질문에 해당되는 사람이 있는지 찾아서 빙
고 칸에 이름을 적는 것이다. 자기소개가 끝나고, 칸이 모두 채워
지면 그걸로 평범하게 빙고 게임을 진행하면 된다. 제시되는 질문
들은 대략 이렇다. 오늘 흰 운동화를 신고 온 사람은? 넷플릭스
와 왓챠 계정이 동시에 있는 사람은? 유선 이어폰을 쓰는 사람

은? 그중에 그런 질문도 있었다. 트위터에서 알티(리트윗) 500개 이상 받아본 사람은?

페미니스트들이 모이는 그런 자리에서 자기소개 빙고를 할 때, 트위터나 알티가 뭐냐고 묻는 사람은 별로 없었다. 실제로 페미니스트들은 트위터를 참 많이 한다. 트위터에 들어가보면 온갖 종류의 페미니스트 트위터리안을 찾을 수 있다. 페미니즘 이슈를 알리기 위해서 해시태그(#)를 붙인 문구를 대량으로 트윗, 리트윗하는 '해시태그 운동'이 주로 벌어지는 무대도 트위터고, 트위터를 통해 페미니즘을 접하거나 배웠다는 사람도 심심찮게 만나볼 수 있다.

실제로 나도 트위터를 제법 열심히 하는 페미니스트 중 한 명이다. 트위터에서 평범한 일상 얘기를 하거나 좋아하는 연예인 사진을 찾아보기도 하지만, 건너 건너 들어오는 페미니즘 소식을 읽고, 알티하고, 의견을 덧붙이거나 국민청원에 참여하기도 한다. 예전엔 트위터를 잘 몰랐다. 고등학생 땐 계정을 만들어놓고 가끔 좋아하는 노래 가사를 알티하는 것 말고는 딱히 하는 일이 없었다. 그때까지만 해도 트위터는 여러 쟁쟁한 SNS 플랫폼들 사이에서 별로 존재감이 크지 않았다. 그런데 2010년대 이후로 트위터는 점차 페미니스트들이 모이는 상징적인 공간으로 변해갔고, 이제는 대부분의 페미니즘 정보와 이슈를 접할 수 있는 허브처럼 대접받게 된 것이다.

그 사실을 매우 상징적으로 보여주는 하나의 사건이 있었다. 2021년 안티페미니즘 단체 '신남성연대'*가 트위터 계정을 만들고 처음으로 올린 트윗의 내용은 이랬다. "이곳이 페미들 본진 트위터입니까?"

어떻게 트위터는 '페미들 본진'으로 등극하게 된 것일까? 나도 페미니즘이 한창 화제가 되던 시기를 기점으로 아주 자연스럽게 트위터로 이적하고 그곳을 본진으로 삼았다. 이미 트위터를 열심히 사용하던 사람들도 있었고, 어떤 이유로 그곳으로 이동하게 된 사람들도 있었지만, 어쨌든 수많은 '페미니스트'들이 트위터를 통해 자신의 탄생을 알렸던 것이다.

잘 모르는 사람들을 위해서 트위터가 어떤 곳인지부터 설명해야 할 것 같다. 트위터라는 플랫폼에 처음 발을 들인 사람들은 앱에 접속하고 '허허벌판에 떨어졌다'는 감정을 느끼곤 한다. 트위터에서 적당히 추천한 자동 트윗 봇('로봇'의 준말로 프로그램이 자동으로 정해진 트윗을 게시하는 계정), 연예인, 트위터 인플루언서 등을 팔로우하고 첫 트윗을 쓰면, 아무도 반응해주지 않고 말도 걸어주지 않는다. 나와 관련 없이 흘러가는 '타임라인(게시물이 시

---

* 신남성연대는 보수 성향의 유튜버 '왕자(본명 배인규)'가 지난 4월 만든 단체로, 네이버 공식 카페에 가입한 회원이 1만 3000여 명에 이른다.

간순으로 정렬된 페이지)' 속에서 우리는 완전한 혼자가 된 기분을 느낀다. 그리고 생각한다. 이거, 대체 어떻게 해야 하는 거지?

거기서 트위터 이용 경험이 끝났다면 당신은 트위터를 반만 안 것이다. 트위터의 최대 특장점은 자신의 타임라인을 완전히 자신의 선택에 따라 꾸밀 수 있다는 점이다. 트위터에서 우리는 보고 싶은 주제에 맞춰 팔로잉 목록을 구성하고, 나날이 새로운 소식들을 물어 오는 나와 비슷한 관심사의 '트친(트위터 친구)'들을 사귀고, 관심이 없는—어쩌면 없애버리고 싶은—주제는 '뮤트(특정 키워드가 포함된 트윗이 자신의 타임라인에 뜨지 않도록 하는 기능)'하고, 마음에 안 드는 사람은 '블록(차단)'하고, 그 사람과 친구인 사람들까지 줄줄이 '체인블록'을 돌려서 추방한다. 그런 여러 작업들을 통해서 트위터 타임라인은 나만의 '안전한 성', 누구도 방해하지 않는 '자기만의 방'이 된다.

내 또래의 많은 여성들이 그렇듯이 나도 2015~2017년의 페미니즘 리부트를 통과하며 '페미니스트가 되어야겠다'고 마음먹었고, 그러자 그동안은 아무렇지 않게 듣고 말하던 내용들이 별안간 하나하나 거슬리기 시작했다. 그것은 온라인 공간에서도 마찬가지여서, 자주 접속하던 인터넷 카페, 페이스북, 에브리타임 게시판 같은 곳의 언어들을 조금씩 견딜 수 없게 되었다. 그런 상황에서 트위터는 완벽한 대안이었다. 내가 트위터에 완전히 둥지를 틀었을 때 나는 잘 구획되고 정제된 타임라인들 속에서 안전함을 느꼈다.

그리고 그 안전함에는 또 하나의 이유가 있었다. 그건 트위터가 철저한 익명의 공간이라는 점이다. 물론 트위터에도 여타의 SNS와 같이 전화번호를 기반으로 지인의 계정을 추천받을 수 있는 기능이 있다. 하지만 트위터에서 그 기능을 쓰는 사람은, 조금 과장해서 말하자면, 아무도 없다. 다시 말해 트위터는 익명을 선택하고, 확보할 수 있는 공간이다.

2017년도 즈음에 이제 막 페미니즘에 관심을 가지고, 페미니즘 공부를 하거나 페미니즘 행사를 찾아다니기 시작한 사람들에게 자주 들었던 이야기가 있다. 페이스북에서 페미니즘 관련 게시글을 '좋아요' 하거나 공유할 때 눈치가 보인다는 것이다. 페이스북은 내 지인의 지인의 지인의 지인까지 집요하게 찾아내어 나와 친구를 맺게 만드는 플랫폼이었고, 그 한 번의 '좋아요'나 공유로 내 정치적 입장이 어디까지 공표될지 알 수도, 통제할 수도 없었다. 실제로 페이스북을 통해 페미니즘 언급을 했을 때 지인에게 참견을 받거나 시비가 걸리는 일도 주변에 심심치 않게 있었다. 페미니스트가 된다는 건 위협 앞에 나서는 일이었다. 그래서 안전은 중요했다. 트위터의 '안전'한 타임라인 속에서는 누구나 자유롭게 발언할 수 있는 것 같았다.

이런 트위터의 폐쇄적인 특성들은 역설적으로 트위터를 연결의 공간으로 만들어주었다. 비슷한 세대적·젠더적 정체감과 정치적 입장을 기반으로 사람들은 트위터 안에서 연결되었고, 목소리를 규합했다. "#나는페미니스트입니다"에서부터 "#살아남았다", "#내가메갈이다", "#○○_내_성폭력", "#나는_가임여성이다", "#우리는_서로의_용기가_될거야", 그리고 그 후로도 계속. 일상에서 다른 페미니스트들과 연결되기 힘든 사람들이 트위터에 가입하는 것은 이제 흔한 풍경이다. 그곳에서 공부할 수 있고, 활동할 수 있고, 연결될 수 있을 거라는 확신이 생긴 것이다.

실제로 트위터에서는 많은 연대의 순간들이 있었다. 트위터에 진입한 사람들이 한때 느꼈던 해방감도 모두 진실이다. 그러나 트위터가 이대녀들을 완전히 구원했다고 말하기는 어렵다. 페미니스트들이 트위터에 정착해야만 했던 것은 여타의 일상 공간과 안티페미니즘적인 온라인 공간에서 밀려난 결과이기도 하다. 성차별이 일상적으로 발생하고, 페미니스트를 폄하하고 위협하며, 문제 제기를 해도 묵살되는 많은 일상의 공간에서 페미니즘은 점점 더 악마화되어 언급하기조차 꺼려지는 주제가 되고 있다. 여러 온라인 커뮤니티에서도 페미니즘을 비난하는 기조가 강하다. 때문에 트위터 이용자들은 트위터에서 여러 페미니즘이나 인권 사안에 대해 비교적 자유롭게 논의를 나누면서도, 이것들

이 결국 '트위터 안에서나 이루어지는 것'이라는 자조적인 인식이
있다.

실제로 트위터의 페미니즘 담론은 자주 사회로부터 고립되
어 있다. 이것은 트위터가 자유로운 페미니즘 담론의 거의 유일한
창구로 여겨지는 현상과 크게 다르지 않은 상황이다. 트위터에
서 비교적 자유롭게 페미니즘 담론을 나눌 수 있다고 믿기 때문
에 오히려 트위터의 여론은 쉽게 편파적이라고 평가되며, 온라인
남초 사이트의 여론을 앞다투어 참고하려는 정치인들에게 고려
의 대상조차 되지 못한다. 이 고립과 배제는 이미 현실에서 페미
니스트들이 쫓겨날 때 예견된 것이었다. 트위터에서 좀 더 자유롭
게 페미니즘 이야기를 하는 것은 좋지만, 그것이 트위터 외의 모
든 공간에서 페미니즘이 배제된 결과라면 그 사회에는 문제가 있
다. 사실은 트위터뿐만 아니라 어디에서든 성차별이 종식되어야
한다는 이야기를 할 수 있어야 한다.

사회에서 안전한 우리만의 '페미니즘 유토피아', 그리고 나만
의 안전한 타임라인은 점차 고립된 개개인의 섬이 되어가고 있다.
그리고 그럴수록 트위터 내부에 발생하는 차이는 점점 더 격렬해
지고 있다. 사실 트위터는 똑같은 해시태그와 똑같은 구호를 모
으는 데에는 유용했지만, 조금씩 다른 의견을 지닌 사람들과 대
화를 나누기에는 별로 적절하지 않았다. 자유로운 관계의 단절을

보장하는 트위터의 시스템은 어떤 대화를 애초부터 차단할 수 있도록 만들었다.

나아가 알티, '마음(공감의 표현)', 인용 등 '수'로 환산되는 의견의 표출은 자주 대화를 대결 구도로 바꾸어버렸다. 사람들은 자신이 동의하는 의견을 전략적으로 알티했고, 알티의 수가 높은 트윗은 자동으로 더 주류의 의견이 되었다. 그리고 동의하지 않는 의견에 대해서는 수많은 '인용 알티'를 통해 트윗 작성자를 공격하고, 그것이 비주류이며 믿을 만하지 않은 의견이라는 이미지를 퍼뜨리기 위해 노력했다. 이러한 과정에서 소수 의견을 지닌 사람들은 수적인 열세로 인해 반복되는 '사이버불링(온라인 괴롭힘)'의 위험 앞에 서게 되었다. 엄청나게 많은 해시태그를 트윗할 수 있는 힘은 누군가를 괴롭히는 데에도 똑같이 사용될 수 있었다.

트위터 내부의 적대와 반목 속에서 '안전한' 타임라인의 경계는 점점 좁아지고 있다. 이러한 현실은 트위터가 대안적인 낙원이 아니라는 당연한 진실을 보여준다. 그러나 나는 그렇다고 해서 트위터가 교정되어야 하는 무질서나 퇴출되어야 하는 적폐는 아니라고 생각한다. 일군의 이대녀들은 분명한 기준 속에서 트위터를 선택했으며, 그 플랫폼의 한계와 함께 그 안에서만 얻을 수 있는 여러 이점들에 대해서 인식하고 있다. 트위터는 오히려 우리가 지금 서 있는 자리를 보여주는 기준으로 인식되어야 한다.

트위터에서 얻을 수 있는 여러 이점들은 이대녀들에게 필요한 공론장의 모습을 짐작하도록 한다. 최소한의 안전, 합의된 인권 의식, 페미니즘적 가치관을 위협받지 않고 표현할 수 있는 분위기, 그것을 기반으로 한 발전적인 논의 등은 이대녀들이 트위터를 선택해야만 했던 이유들을 이루고 있으며, 공론장이 갖추어야 할 조건들을 상기시킨다. 사회의 공론장은 아직도 이런 것들을 보장해주지 못하고 있다. 아직도 많은 이대녀들은 사회의 공론장에서 자신의 목소리가 의미 있게 받아들여지지 않는다는 느낌을 받는다. 이대녀들도 이 사회에 소속되어 살아가는 사람들이다. 그러므로 이대녀들에게 필요한 공론장은 어디 다른 세계에 필요한 것이 아니다. 그것은 바로 이 사회에 필요한 공론장이다.

내 이름은 민지가 아닌데

└ 신민주

"민지한테 연락이 왔어."

윤석열 국민의힘 대선 후보는 내가 보고 있던 영상 속에서 선거 캠프 회의에 참여하여 "민지가 해달라는데 같이 한번 해보자!"라고 말했다. 자다가 봉창 두드리는 소리 같지만, 이 대사는 나름대로 청년 세대의 지지를 호소하기 위해 쓰인 말이었다. 한 주에 120시간 노동할 자유, '저출산' 원인은 페미니즘, 코로나 초기 확산이 대구가 아니었으면 민란이 일어났을 것 등 다양한 망언을 쏟아낸 윤석열 후보가 잠시 동안 잠잠하다가 내놓은 영상이었다. 깨알같이 민지라고 쓰인 자막 위에는 MZ세대라는 자막이 붙어 있었다. 그러니까, 이 영상에서 '민지'는 민지라는 이름을 가진 사람을 일컫는 말이 아니라 MZ세대를 통칭해서 부르는 말이었던 것이다.

공교롭게도 윤석열 후보 공식 유튜브 채널을 보고 있던 나도

MZ세대였다. 좀 놀랍기는 했다. MZ세대를 민지로 부르는 것이 너무 구렸기 때문이다.

내 동년배들은 아무도 자신을 MZ세대라고 명명하지 않는다. 래퍼 이영지가 〈라디오스타〉에 나와 말했던 것처럼 청년 세대는 MZ세대라는 말을 "알파벳 계보를 이어가고 싶은 어른들의 욕심" 정도로 파악한다. 끊임없이 알파벳으로 청년 세대를 분석하기 위해 애쓰는 것으로 모자라 정치인들은 우스꽝스러운 청년 세대 캐릭터화까지 시도하기 시작했다. 윤석열 후보가 너무 당연하게 선거 캠프 사람들에게 반말을 쓰고 있다는 것과 이 영상이 청년 세대에게 통할 것이라 판단한 것도 놀라웠다. 공식적인 회의 자리에서 상대에게 단지 나이가 어리다는 이유만으로 반말을 하는 상사는 뒤에서 '꼰대'라고 욕을 먹는다.

민지라는 우스꽝스러운 호칭은 유행처럼 번졌다. 당시 국민의힘 대선 경선 후보였던 홍준표 의원도 페이스북에 "민준(MZ)아. 캠프 올 때 민지도 같이 데리고 와라"라고 썼다. 남성적인 이름인 민준과 여성적인 이름인 민지를 사용하여 선거 캠프에 이대남은 많은데 이대녀가 없다는 소리를 그렇게 한 것이다. 같은 당의 하태경 의원도 "진짜 민진(MZ)이는 우리 캠프에 있었다"며 '윤창호법' 입법에 큰 역할을 한 김민진 씨를 공동 후원회장으로 영입한 사실을 공개했다. 도대체 왜 청년 세대를 그렇게 캐릭터화하지 못해 모두가 안달인 것인지 이해가 잘 안 됐다. 그런 정치인들은 하나같이 MZ세대의 대표가 된 민지와 민준과 민진에게 반말을 썼다.

이재명 더불어민주당 후보의 인터뷰에서도 이상한 점을 발견했다. 2021년 4월의 일이었다. 〈JTBC 뉴스룸〉에서 여권 대선 주자들의 청년 공약을 다루었을 때 그는 이렇게 말했다. "지금 청년 세대는 (…) 단 한 번의 기회를 갖기 위해서도 동료들, 친구들 또는 여자 사람 친구와 격렬하게 경쟁해야 되는 상황이다."

왜 그는 굳이 '여자 사람 친구'를 언급했을까? 왜 '남자 사람 친구'는 인터뷰에 등장하지 않았을까? 대학 졸업 후 백수가 되기 전까지 한 번도 쉬어본 경험이 없는 나도, 늘 성과를 위해 달려 나간 친구도, 대학 졸업반이 되어 취업 시장에 입성하기 위해 '남자 사람 친구'들과 도서관에서 밤을 새는 애들도 여자라는 이유만으로 청년과 경쟁하는 여자 사람 친구로 분류되었다. 그러니까, 애초에 이재명 후보는 청년 속에 여성은 상정하지 않았던 것이다.

낯선 일들은 아니다. 청년 세대는 늘 다른 세대에게 분석의 대상이 되었다. 그 과정에서 청년은 이 세상과 동떨어져 존재하는 외계인이 되거나 교화되어야 하는 존재가 되었다. 청년이 유난스러운 존재가 될수록, 그들이 이 사회와 영향을 주고받으며 사회를 바꾸고 있다는 사실이 감추어졌다. 그들이 사실 하나의 집단으로 대충 뭉뚱그릴 수 없을 정도로 파편화되어 있다는 사실도 잊었다. 청년을 분석 대상으로만 보기에 청년을 분석하는 책은 중년이 쓰고, 중년이 읽는다. 그렇다고 청년을 분석하는 책을 읽는 사람들이 늘 청년을 위한 자리를 만들어주려고 시도하는 것은 아니다. 청년을 완전히 이해하는 것도 아니다. 마치 대선 후보들이 우스꽝스러운 청년 패러디를 하면서도 중책에 청년을 기용하지 않는 것처럼 말이다.

청년은 모두 공정에 분노하고 '병맛'과 '드립력'을 중요시하며 하나같이 소비적인 자아를 가지고 있다는 편견, 그리고 그런 청년의 입장을 남초 커뮤니티에서 만날 수 있다는 간편한 분류는 청년 여성을 '청년'이라는 집단에서 배제했다. 아니, 청년 여성만을 배제한 것은 아니다. 공정을 논할 수 있는 테이블에조차 앉지 못한 청년, '병맛'과 '드립'에 녹아 있는 혐오의 피해자, 가난한 청년들도 '청년'에서 탈락했다. 이재명 후보의 발언에서 나온 '청년'에서 '여자 사람 친구'가 분리된 것같이, 인간 개개인의 역사와 능력이 아닌 나이만이 중요해져 숫자로만 표현되는 민지, 민준, 민진 같이.

여자 사람 친구, 민지와 민준과 민진 타령을 했던 시기로부터 몇 개월이 지났을 때 더불어민주당에서는 이재명 후보가, 국민의힘에서는 윤석열 후보가 당의 정식 대선 후보로 선출되었다. 두 후보 모두 청년을 끊임없이 부르짖었지만 양측은 모두 민지, 그러니까 이대녀에게 사랑받는 정치인이 되지 못했다. 리서치뷰가 2021년 11월에 진행한 이재명 후보와 윤석열 후보 양자대결 여론조사에 따르면, 이대녀의 47퍼센트는 윤석열 후보도, 이재명 후보도 지지하지 않았다. 이는 두 후보 누구도 지지하지 않는 이대남의 두 배 가까이 되는 수치이다. 한편, 같은 시점에 리서치뷰가 진행한 여론조사에 따르면 심상정 정의당 후보를 지지하는 이대녀는 약 15퍼센트인 것으로 집계되었다. 이재명 후보와 윤석열 후보의 경쟁이 치열해지며 대선은 점차 두 후보 중 한 후보를 택해야 하는 양자택일의 문제처럼 여겨졌다. 심상정 후보를 지지했던 이대녀들 중 일부도 상황은 마찬가지였겠지만, 그럼에도 심상정 후보를 지지하는 이대녀의 비율은 다른 집단에 비해 높게 유지되었다.

왜 이런 일이 발생했을까. 심상정 후보는 청년 세대를 민지나 민준, 민진이라는 말로 호명하지 않았다. 애써 청바지를 입거나 남초 커뮤니티에 등판하거나 억지스럽게 요즘 유행하는 춤을 추지도 않았다. 대신 그의 홍보팀은 인스타그램으로 유권자들의 의견을 받고, 재미있는 짤로 답변했다. 토크쇼에 출연해서 페미니즘이 좋다고 당당하게 말했고, "대한민국 모든 여성의 삶이

곧 페미니즘"이라고 말했다. 그의 첫 공약인 '주 4일제'는 트위터를 중심으로 한 청년 세대에게 큰 인기를 끌었다. 예상 가능하겠지만 그의 홍보팀에는 진짜 청년 여성들이 일했다. 그래서 재미있었다. '오대남'의 청년 코스프레에서 느껴지는 어설픔이 보이지 않았다. 심상정 후보가 페미니즘에 대해 긍정적인 코멘트를 한 번 할 때마다 상대 후보들은 여가부 폐지, '가짜 미투' 방지를 위한 무고죄 강화, 남초 커뮤니티 글 공유 등 똥볼을 차고 있었다. 여당과 거대 야당 지지에서 이대녀들이 이탈한 것은 놀라운 일이 아니다.

사실, 남성만을 청년으로 상정하고 정치를 하는 것은 비교적 쉬운 일이다. 여성 폭력에 대해서, 기울어진 운동장과 성별 임금 격차에 대해서 말하지 않아도 지지를 얻을 길이 있기 때문이다. 몇 마디의 안티페미니즘적 발언, 페미니즘에 대한 '손절' 시늉은 이미 정치권에서 손쉽게 이대남의 표를 가져올 수 있는 방법으로 통용된다. '젠더 갈등'이라는 말을 대통령까지 쓰는 시대가 되어버렸으니까 당연한 일이다.

그렇지만 나는 과연 청년 남성의 실체 없는 억울함에 공감만 해주는 것이 무엇을 바꿀 수 있는지 의심스럽다. 페미니스트들이 일자리를 빼앗고, 남성을 군대에 보냈으며, 사회가 여성만 배려하고 있다는 허황된 주장에 힘을 얹어줄수록 정치인들은 진짜 문제를 감출 수 있었다. 원래 부족했던 일자리와 군대 내 가혹 행위, 돈 많은 부모를 만나지 못하면 아무리 '노오력'해도 성공할 수 없는 불공정한 시스템은 희석된 채 찾을 수 없게 됐다. 손 안 대고 코 풀고 있는 사람이 누구인지 안다면, 이대남도 안티페미 선동에 쉽게 웃을 수 없을 것이다.

2022년 대선, 여성 후보들이 척박한 길을 걷고 있는 이유는 이런 쉬운 방법을 사용하지 않아서다. 심상정 후보뿐 아니라 김재연 진보당 후보도 거친 길을 걷고 있기는 마찬가지이다. 차별금지법을 발의한 의원이었던 김재연 후보는 대선 후보가 되어 성추행 피해 후 여군 부사관이 스스로 생을 마감하도록 만든 폐쇄적인 군 조직 문제를 지적했고, 독박육아와 독박가사 문제를 해결하기 위해 '돌봄 국가책임제'를 주장했다. 또 많은 청년들과 불안정한 일자리에서 일하는 여성들을 위해 5인 이하 사업장에도 적용되는 '전국민 노동법'을 공약으로 내세우기도 했다.

청년 여성들도 심상정 후보와 김재연 후보가 거대 양당 후보에 비해 당선 확률이 높지 않다는 사실을 안다. 자신의 표가 사표가 될 수 있다는 사실을 감수하면서까지 여성 후보들을 지지하는 여성들이 늘어나고 있다는 사실은 그래서 시사하는 바가 크다. 많은 언론이 분석하는 대로 '거대 양당 체제에 대한 분노'도 시사점이겠지만, 나는 이대녀가 분노로만 행동하고 있다고 생각하지는 않는다. 차라리 그것은 이대녀의 새로운 투자로 해석해야 하는 것이 맞다. 고분고분할 것을 요구받고, 인간이 아닌 표로만 상정되고, 그래서 한 번도 자신의 정치인을 가지지 못했던 이대녀들은 어떠한 것도 포기하지 않는 길에 투자하고 있는 중이다.

그래서, 이제 우리는 함께 어떤 정치를 만들어나가야 할까. 정치하는 이대녀로서 느꼈던 현실의 벽을 바꿀 수 있을까. 조직의 대표자를 모두 여성으로 채울 것이라 말하자 "남자가 그렇게 없나?"라고 반응하고 "왜 페미니즘이 필요하냐"라고 질문하는, 여성 폭력에 대한 통계를 들이밀면 "여자 가해자도 있지 않느냐?"라고 묻는 답답한 정치인들도 바꿀 수 있을까.

분명한 것은, 언제나 내 삶을 바꿨던 것은 최악과 차악 중에 선택을 강요했던 사람들이 아니라 젊은 여성으로서 내가 해야 하는 '역할'을 거부했던 순간들이었다는 사실이다. 행사에서 사회자로 불려 가지만 연단에 서지는 못하는 현실을 거부했을 때, 페미니스트들은 너무 과격해서 함께할 수 없다는 말을 반박했을 때, 50대 남성에게만 가 있는 마이크를 빼앗기 위해 소리치고 싸웠을 때, 구색 맞추기 역할을 거부했을 때. 오대남에게 미래를 맡기지 않고 자기 스스로 미래를 만들어가기로 했던 사람들은 다들 발밑이 무너지는 경험을 해야 했지만, 시간이 흐른 후 마침내 자신이 옳았음을 확인하게 되는 순간들을 맞이했다.

그러니까 나는, 당신은, 그리고 이대녀는 앞으로의 선거에서 표가 아니라 사람이 되었으면 좋겠다. 숫자로만 표현되는 인구가 아니라 인간으로서의 정치를 시작할 수 있으면 좋겠다. 우리가 누군가에게 대변되기를 기다리기보다 우리 스스로 말할 수 있는 사회를 만들기 위해 나아가기를 바란다. 기회는 누군가 주는 것이 아니라 우리가 만드는 것이다. 우리는 연단에 설 준비가 되어 있다.

남초 사이트에서 '공정한 여론' 찾기

└ 로라

내 페미니즘의 기억들은 대부분 무력함이라는 감정과 맞닿아 있다. 어쩔 수 없는 일들이 정말 많았다. 대학에서 여학생 기구들이 폐지될 때도 그랬고, 신체에 유해한 생리대들이 떨이로 팔리는 모습을 볼 때도 그랬고, '망언'을 한 국회의원들이 아무렇지도 않게 계속 기득권으로 남아 있는 것을 볼 때도 그랬고, 그 밖의 여러 경험들에서 계속 그랬다.

열심히 무언가를 해보려는 사람들 사이에서, 혼자 그런 감정을 품고 있는 것은 무례한 일처럼 느껴지기도 한다. 하지만 나는 너무 많은 것들이 무너지는 것을 보았고, 너무 많은 목소리들이 묵살당하는 것을 보았다. 너무 많은 일들이 잊히고 사라졌다. 무력함은 내가 얼굴을 맞대고 있는 현실이었다. 나는 무력함을 이야기하지 않으면서 나의 페미니즘 경험을 이야기하는 것이 불가능하게 느껴진다. 어쩌면 그건 나만의 경우는 아닐 것이다. 무엇이든지 해낼 수 있을 거라고 믿으면서 거리로 나서는 사람이 과연 얼마나 있을까?

그런데 최근에 나는 이 무력함을 말하고자 할 때, 자주 어떤 두려움에 사로잡힌다. 그 두려움이 내 말의 단어 하나하나를 감시하고 검열하고 조정한다. 내가 '무력하다'고 말할 때, 나는 왠지 수많은 사람들이 내 말을 지켜보면서 그것이 거짓말이라고 소리 지를 때만을 기다리고 있는 것 같은 생각이 든다. 한때 무력함은 딱히 설명이 필요하지 않은 감정이었지만, 최근에는 상세하고 치열하게 근거를 들어야만 하는 감정이 되었다.

나는 그 이유를 안다. 내가 대학에 다니던 때, 어떤 교양 수업의 교수가 이런 말을 한 적이 있다. 그는 여성의 외모에 대한 언급을 하다가, 갑자기 자기의 말을 주워 담으려는 것처럼 말했다.

"요새는 이런 얘기는 조심해야 되죠?"

그건 단지 그 교수만의 독특한 언급은 아니었다. 나는 아주 많은 곳에서 많은 방식으로 그런 말들을 들었다. 그런 말들 속에서 마치 세상은 이미 완전히 바뀌었고, 모든 사람들이 페미니스트나 20대 여자들의 말을 들어주지 못해서 안달이 난 것 같았다. 한국은 갑자기 성평등의 천국이 되었다.

그런데 이상한 일이었다. 나는 그토록 수많은 사람들이 황급히 자신의 말을 주워 담도록 만드는 어떤 '권력'의 중심에 있었는데, 실제로는 누구도 정말로 내가 중요하게 생각하는 것을 중요하게 들어준다고 느낀 적이 없었다. 특히 정치의 영역에서, 나는 내가 중요하게 생각하는 많은 사안들이 계속해서 좌절당하는 것을 보았다.

하지만 이미 사회가 여자들 세상이 되었다고 많은 사람들이 굳게 믿고 있었기 때문에, 그 무력함에 대해 말하려고 보면 왠지 내가 피해망상에 사로잡힌 사람처럼 느껴졌다. 정말 그럴까? 세상은 이미 충분히 바뀌었고 우리는 이미 충분히 주요한 정치 세력이 된 걸까? 그저 아직도 여자들의 목소리가 무시된다는 피해망상에 빠져서 공허한 구호만을 반복하고 있는 걸까?

내가 진심으로 이런 질문들에 대해 고민했던 것은 아니다 (저 질문들은 사실 전형적인 페미니즘 백래시의 일부이다). 하지만 적어도 저런 질문들에 대해 대답해야 한다는 압박을 느낀 건 사실이다. 무력감을 이야기하려고 할 때, 나는 끊임없이 우리의 목소리가 얼마나 무시되고 있는지 증거를 대야 할 것만 같은 감각에 빠졌다.

페미니즘의 언어는 어떤 목소리가 사회적으로 더 중요하게 여겨지고, 어떤 목소리가 사회적으로 덜 중요하게 여겨지는지에 관한 사유를 제공해주었다. 그리고 여성들의 목소리는 다른 어떤 목소리들보다 특히 중요하지 않게 여겨지는 현실이 있었다. 여성들이 겪는 문제들은 사회적으로 잘 다루어지지 않았고, 쉽게 개인적인 것으로 축소되거나, 그들의 결함에 의한 것으로 비난받았다. 이러한 페미니즘적 인식이 대중적으로 가시화되면서, '여성'들의 문제를 사회적이고 구조적인 것으로 해석하고, 그런 관점에서 해결책을 모색하려는 여러 운동들이 생겼다. 그리고 그런 것들을 심각한 문제로 인식하는 일군의 집단이 정치적 세력으로서 부상했다. 사람들은 그런 여자들을 '페미'라고 불렀다.

한번 이름이 붙여지자, 갑자기 '페미'의 목소리는 엄청나게 시끄러운 것이 되었다. '페미'들의 운동은 몇 가지 '성과'라고 부를 만한 것들을 쟁취하기도 했는데, 그러자 갑자기 세상이 전부 페미들의 마음대로 돌아간다고 이야기되었다. 여성들이 충분히 주요한 정치세력으로 여겨지지 못한다고 이야기하려고 보면, '페미'라는 말의 거대함이 내내 그 주장을 짓누르고 있었다.

최근 여러 정치인들이 '펨코*'나 '디시(디시인사이드)' 등의 온라인 커뮤니티 사이트에서 여론을 참고한다고 말하고 있다. 그런 발언은 마치 이전의 고루한 정치 혐오 시대의 게으른 국회의원의 모습에서 벗어나, 새로운 세대의 정치적 입장과 의견들을 적극적으로 찾아보고 개진하는 성실한 국회의원의 자세처럼 여겨진다.

* 남초 커뮤니티 중 하나인 '에펨코리아'의 준말. 위키백과에 따르면 2008년 축구 게임인 '풋볼 매니저'를 다루는 곳으로 개설되었다가 규모가 커지며 종합 커뮤니티로 발전했다.

혹은 그럴 거라고 기대하며 언론을 통해 언급되고 강조된다.

제20대 대선이 가까워져 오는 2021년 말, 이재명 후보는 직접 디시인사이드 갤러리에 "안녕하세요, '갤주' 이재명 인사드립니다"라는 제목의 글을 게시하기도 했다. 그 글에는 디시인사이드를 청년 세대 여론의 표준으로 사고하는 인식이 그대로 드러난다.

저는 모든 국민이 그렇듯 여러분들 같은 청년들도 각자의 판단에 따라 가장 합리적으로 선택하고 사고하는 주권자라고 생각합니다. 오히려 기성세대에 비해 정치적 판단이 훨씬 기민하고 실용주의적입니다. 민주화와 산업화라는 이분법에도 얽매이지 않고요.

그러나 디시인사이드는 남성 이용자 비율이 높은, 대표적인 '남초' 사이트 중 하나고, 이제는 거의 20~30대 남성의 세대 문화처럼 자리 잡은 안티페미니즘 감성이 여과 없이 드러나는 공간이기도 하다. 여성들의 목소리가 비교적 외면당해온 전통적인 성불평등한 현실에서, 정치권이 남초 사이트를 중요하게 참조하는 것은 그리 놀랄 것도 없는 유구한 행위일지도 모른다. 하지만 남초 사이트를 언급하는 정치인들의 발언에는 어떤 전제가 있다. 여자-페미들의 목소리를 너무 많이 들어주었고, 상대적으로 무시되고 있는 남자들의 목소리도 들어봐야 한다는 인식이 그것이다. 정치권에서 남초 사이트의 여론을 의식하고, 그것을 의식하고 있다고 당당하게 선언할 수 있는 것은, 그것이 편파적인 게 아니라 오히려 공정하다는 인식이 있기 때문이다.

그러나 그것은 정말 공정할까? 남초 사이트에도 다양한 갈래들이 있고, '남초'라는 지칭만으로 그들이 공유하고 있는 어떤 문화나 합의를 찾아내려는 노력은 가끔 난망하게 느껴진다. 하지만 적어도 정치권이 인지하는 '남초'라는 합의에는 어떤 일관성이 있는 것처럼 보인다. 그들은 페미니즘과 페미니스트들에게 적대적이며, 사회적 소수자 혹은 차별이라는 개념에 회의적이고, (마치 그들의 말을 들으려는 정치인들이 그러한 것처럼) '공정'이라는 가치를 수호하고자 한다. 정치권이 번역하고자 하는 '남초'의 합의란 '평등은 불공정하다'는 믿음, '차별은 존재하지 않는다'는 믿음, 그리고 차별을 시정하기 위한 노력은 '역차별'이라는 믿음에 크게 기대고 있다.

이 믿음들 속에서, 여성을 포함한 사회적 소수자들은 체계적으로 무시당하고 배제당한다. 남초 사이트의 의견을 참고하는 정치인들은 남초의 논리를 군 가산점제의 부활, 성폭력 무고죄 처벌 강화, 여성가족부 폐지 등의 공약으로 구체화한다. 이와 함께 포괄적 차별금지법을 포함한 사회적 소수자들의 요구나 필요들은 간과되거나 무시된다. 남초의 지향을 수식하는 '공정, 합리성, 경제적 이득 논리, 실용주의' 등의 말들은 결국 차별과 혐오의 논리에 맞닿아 있다.

하지만 사회적 소수자들이 '다수자'를 압도할 만한 '과도한 권력'을 갖게 되었다는 믿음은 차별적일뿐더러 진실도 아니다. 최소한, 모두가 그렇게 어마어마하다고 생각하는 페미니즘 정치조차 충분한 세력을 확보하고 있지 않다. 현재 국회 안에 페미니즘 정치를 말하는 의원은 몇 명이나 될까? 필요한 페미니즘 정책들은 얼마나 고려되고, 입안되며, 통과되고 있을까? 거대 양당 대선 후보들이 앞다투어 여성가족부 폐지를 공약하는 현실에서 20대 여성들이 유권자로 고려되고 있기는 한 것일까? 실제로, 페미니즘 정치는 전혀 수월하지 않다. 페미니즘은 정치권에서 힘이 별로 없고 목소리도 크지 않다. 그러나 남초 커뮤니티에서는 사시사철 페미들이 너무 강해졌다고 벌벌 떨고 있으며, 정치권에서는 그런 남초 커뮤니티의 주장을 정치의 영역으로 끌어당기지 못해 안달한다.

이대녀들이 각자 페미니즘에 대해 갖고 있는 복잡한 입장들과는 별개로, 페미니즘 정치의 많은 사안들은 이대녀의 관심사와 맞물리는 경우가 많다. 실제로 〈시사IN〉이 실시한 웹조사에 따르면 20대 여성은 여타 성별, 세대 집단보다 스스로가 페미니스트라 생각하거나, 페미니스트와의 관계를 호의적으로 받아들이는 비율이 현격히 높은 집단이라고 한다.[*] 그래서 페미니즘이 폄하되고 페미니즘의 정치적 사안들이 무시될 때, 이대녀의 정치적 목소리도 함께 외면되기 쉽다.

따라서 남초 사이트들을 청년 여론의 보고로 인정하고 적극적으로 그곳과 연결되려고 시도하는 정치인들은 그저 어떤 여론을 참고하기로 선택한 것만은 아니다. 동시에 그 반대편에 있는 존재들, 이대녀의 여론을 무시하기로 선택하기도 한 것이다. 정치인들이 남초 사이트들을 언급하고, 그곳에 들어가 게시글들을 읽고, 심지어 직접 글을 올리기도 한다는 소식이 들려올 때 이대녀들은 자신들이 무시되고 있다는 사실을 기민하게 알아차린다. 그래서 그 소식을 유쾌하게 들을 수 있는 이대녀는 많지 않을 것이다.

남초 사이트에서 여론의 표준을 찾으려는 정치인들은 알아야 한다. 남자들의 목소리는 별로 무시되고 있지 않다. 한 번도 그랬던 적이 없었다. 정치권이 여성의 목소리를 너무 많이 들어주고 있다고 믿는 것은, 그들 자신의 표준이 이미 성차별 사회에 맞춰져 있기 때문이다. 남초의 여론은 '공정'하지 않으며, 이미 수많

• 김민지, 〈[20대 여자 현상] "약자는 아니지만 우리는 차별받고 있다"〉, 《시사IN》 208호, 2021년 8월 30일

은 차별 의식들에 물들어 있다. 그래서 남초 사이트를 보는 정치인들은 전혀 새롭지 않다. 그들은 그저 기존의 차별 의식들을 그대로 끌어안은 그저 그런 정치인들 중 한 명일 뿐이다. 남초 사이트에 새로운 시대의 지평이 있는 것처럼 호들갑을 떠는 정치권의 행동은 그래서 우스꽝스럽다. 어쨌든 한 가지는 분명하다. 남초 사이트를 참고한다고 말하는 정치인을 이대녀들은 신뢰하지 않을 것이다.

여성혐오로 빚은 '신남성'들의 정치

└ 노서영

　　드라마 〈60일, 지정생존자〉를 재미
있게 봤다. 의회 폭탄 테러로 홀로 남게 된 주인공이 '지정생존자'
제도로 대통령의 권한을 승계받아 자신의 정치를 펼치게 되는
미국 드라마 〈지정생존자〉가 원작이다. 한국 드라마에서는 국회
의사당 폭발 후 교수 출신 환경부 장관이었던 박무진(지진희 분)
이 유일하게 생존해 대통령 권한대행을 맡는 것으로 두 나라의
제도적·문화적 차이에 맞게 각색이 되었다. 정치인답지 않은 박
무진이 보좌진들과 함께 난관을 뚫고 정치인으로 성장하면서 정
치인다움에 대해 고뇌하는 모습이 시청자에게도 정치인이란 어
떠해야 하는지를 반문하는 것 같아 흥미로웠다. 딱 하나 이질감
이 드는 건 너무나 상식적인 제1야당 대표 윤찬경(배종옥 분)이었
다. 한국 현대사에는 박무진 같은 정치인도 없었지만, 윤찬경 같
은 정치인은 더더욱 없었으니까.

원작의 설정을 그대로 가져온 것인데, 고단수의 보수 정치인이자 여성 정치인인 윤찬경은 매우 전략적이고 정치적이지만 원칙을 지키는 인물로 나온다. 그는 네거티브가 필요할 땐 네거티브를 쓰더라도, 국가 안보를 핑계로 쓰는 현실의 정치인들과 다르게 국민의 안전을 상대 후보의 지지율을 떨어뜨리는 것보다 우선적으로 여긴다. "국가를 수익 모델로 보지 말고 정치인의 신념을 지키라", "온 국민이 남의 집 이불 속만 궁금해하는 나라를 만들고 싶나. 나는 그런 대한민국의 대통령이 되려는 게 아니다." 모두 박무진이 아닌 윤찬경의 대사였다. 극중 박무진의 차별금지법 발의에 힘을 보태려던 것도 여당의 유력 대권주자가 아닌 윤찬경이었다는 점에서, 낡지도 부패하지도 않은 보수 정치인의 존재란 매력적일 수밖에 없었다.

"이준석이가 대표가 될 것 같더라." 일찍 퇴근한 날 저녁, 아빠가 말을 건넸다. 그 전주 정도만 해도 당내 표심이란 게 있으니 안 될 거라는 예측이 많았는데 정말 낌새가 이상했다. 불길한 예상은 빗나가지 않았고, 결국 이준석 전 미래통합당 최고위원은 국민의힘 당대표로 당선됐다. 언론에서는 거대 양당 최초로 30대 당대표가 탄생한 데 대한 기대감을 드러냈고, 따릉이를 타고 출근하는 그는 곧 혁신의 아이콘이 되었다. 출근길에 서강대교를 건너 국민의힘 당사 앞을 지나갈 때마다 어디에도 표출할 수는 없었지만 왠지 모를 모멸감이 들었다. 그는 여성 문제에 관심이 없는 것을 넘어 한국의 여성주의 운동이 극단적이고 유난스럽다 며 비웃어온, 고학력 청년 남성이었기 때문이다. 이제야 꺼내보자 면 그건 무력감을 넘는, 일종의 위기감이었다.

위기감은 2021년 신남성연대가 출현했을 때에도 느꼈다. 그 들은 페미니스트로 알려진 여성 교수나 연예인을 괴롭히고 조롱 하는 유튜브 콘텐츠를 업로드하고, 페미니스트들이 모이는 소규 모 집회 또는 페미니스트 개인을 쫓아다니며 실질적인 위협을 가 하는 것까지 콘텐츠화했다. 후원금이 잘 모이지 않아 대표가 생 전에 궁핍한 생활을 했다고 알려진 '남성연대' 때와는 달랐다. 이 제는 자극적인 콘텐츠에 대한 반응이 좋으면 좋을수록 돈을 주 는 글로벌기업 유튜브가 있다. 신남성연대의 팬덤은 영상에 '좋아 요'를 누르고, 채널을 구독하고, 콘텐츠를 퍼 나르는 역할만 해도 그들의 세력을 유지하고 확장시킬 수 있었다. 2022년 2월 기준 이 채널의 구독자 수는 40만 명이 넘고, 올라와 있는 동영상들의 조회 수도 수만 회에 이른다. 2021년 8월에는 이 단체가 만든 디 스코드* 대화방에 3만 8000여 명이 모여 각종 젠더 관련 기사 링크에 몰려가 반여성주의적 댓글을 다는 여론전을 펼치고 있다

---

* 음성, 채팅, 화상 통화 등을 지원하는 메신저. 한국에서는 게임용 메신저로 주로 사용되 었다.

는 사실이 보도되기도 했다.[*]

이준석 대표의 당선과 신남성연대의 팽창은 궤를 같이하는 사건이었다. 1970년대 말 미국처럼 여기 한국에도 아주 조금 개선된 여성 인권의 현실을 두고서, 모든 것은 페미니즘 때문이라며 정치·언론·대중문화·종교 등 사회 전 분야에 걸친 백래시가 쏟아지고 있었기 때문이다. 국내에서 2018년 말부터 본격화된 백래시가 우리의 일상으로, 정치로 옮겨오고 있었던 것이다. 하지만 신남성연대의 위기감과 이준석 대표의 당선이 불러일으키는 위기감은 다른 종류의 것이었는데, 전자가 사회적으로 수용되지 않는 수준의 안티페미니즘이라면 후자는 사회가 적극적으로 받아 안은(을) 안티페미니즘을 의미했다.

이준석 대표의 당선이라는 사건이 안티페미니즘 일상화의 서막이 될까 봐 두려웠다. 자신의 철학이라며 남초 커뮤니티의 입장을 대변하고 안티페미니즘을 선동하던 그가 전보다 커다란 힘을 얻게 되었기 때문이다. 그렇게 안티페미니즘은 신남성연대와 남초 커뮤니티를 거쳐 주류 정치에 안착하게 됐다. 그의 안티페미니즘은 반사회적 언행을 일삼는 신남성연대보다는 '한국의 극단적 페미니즘'을 경계하는 남초 커뮤니티처럼 이성적이고 중

●   조해람, 이홍근, 한수빈, 〈좌표 찍고 10분만에 댓글 800개…신남성연대의 조직적 여론전〉,
    《경향신문》, 2021년 8월 11일

립적인 위치를 점했다. 그 자신의 말대로 "'이준석식 안티페미'가 뭔지 모르겠다"는 게 그의 안티페미니즘이었다. 자신은 안티페미니스트가 아니며, 굳이 그렇다고 한다면 현재 한국의 페미니즘이 틀렸기 때문에 기꺼이 그렇게 되겠다는 정도의 입장. 하지만 신남성연대와 남초 커뮤니티는 정말 다른가?

여러 남초 커뮤니티는, 광주민중항쟁과 세월호 참사를 비하하고 N번방 사건 피해자에 대한 2차 가해를 저지르는 등 신남성연대 대표가 보인 반사회적 행보와 폭력적인 활동 방식을 비판하며 거리를 두어왔다. 하지만 여성가족부나 여성 할당제, 성폭력 등에 대한 입장은 그들과 동일하다. 남성들을 억울하게 만드는 여성가족부와 여성 할당제는 사라져야 하며, 남성을 잠재적 가해자로 보는 성폭력 관련법과 대응들은 부당하다는 관점이다. 남초 커뮤니티가 선을 긋고 싶어 하는 신남성연대의 "우리는 여성혐오주의자가 아니라 남성혐오자들로부터 아스팔트를 지키고자 한다"라는 소개 글은 사실 남초 커뮤니티의 정서와 맞닿아 있다(사안에 따라서는 오히려 남초 커뮤니티가 더 극심한 여성혐오와 폭력성을 드러내는 경우도 있다). '펨코' 유저라는 한 남성이 새벽에 신남성연대의 사무실을 방문하여 불법촬영을 시도했고, 압수한 휴대폰에서 성 착취물 등이 나와 신남성연대의 부대표인, 대표의 아내가 두려움과 불쾌감을 느꼈다고 한 사건에서는 '남성혐오'에 대한 반대와 여성혐오 및 성폭력 사이의 경계가 얼마나 모호한 것인지 드러난다.

한편 '남성혐오자'로 불리면서도 성폭력 사건이 발생하면 언제 어디서든 가장 먼저 호출되는 페미니스트의 주장은 생각보다 간단하다. 성별에 따른 차별이 명백히 존재한다는 사실을 인정하고, 함께 차별을 줄여나가자는 것이다. 다음 상황은 단 며칠 전에 있었던 일이다.

어느 늦은 저녁, 동료들과 버스에서 내렸는데 흰색 코트를 입은 사람이 인도 옆 화단에 웅크린 채로 누워 있는 게 보였다. 화들짝 놀라 동료들에게 이 사실을 알리고 경찰에 신고를 했다. 경찰은 출동에 앞서 취객으로 보이는지, 다른 사정이 있어 보이는지 등을 확인해달라고 했고, 누워 있는 사람의 성별을 물었다. 여경 동반 여부를 결정하기 위한 질문이었다. 우물우물 말하는 걸 보니 취객인 듯하고, 인상착의상 여성인 것 같다고 답했다. 그러고 나선 왠지 술에 잔뜩 취해 몸을 가누지 못하는 젊은 여성만 두고서 가던 길을 갈 수가 없어 경찰이 올 때까지 동료들과 기다렸다. 어두운 길에선 늘 주변을 살피면서 걷는 습관 때문에 길거리 취객을 신고하는 일이 잦았지만, 경찰을 기다려본 건 처음이었다. 그동안 발견했던 건 대개 나이 많은 남성 취객들이었고, 그들이 얼어 죽을까 봐 걱정돼서 경찰에 위치를 상세하게 설명해준 뒤엔 나도 그 길이 무서워 집으로 향하곤 했다. 몇몇 여성 친구들은 늦은 시각에 지하철 역사 앞에 뻗어 있는 여성 취객을 발견하고서 전혀 모르는 사람인데도 다가가서 지인에게 대신 전화를 걸어주고 무사히 지인을 만날 때까지 같이 기다려준 적도 있다고 한다. '술에 취한 젊은 여성'이 갖가지 폭력에 얼마나 쉽게 노출되는지도, 또 그것이 술에 취한 젊은 여성의 잘못은 아니라는 것도 잘 알기 때문이었다.

술에 취한 여성의 곁을 지켰던 수많은 이들이 거리를 지나가는 남성 모두를 예비 범죄자로 의심해서 그랬던 것은 아니었다. 아무도 눈을 부릅뜨고 '길에 잠재적 가해자가 너무 많군'이라고 생각하지 않았다. 다만 너무 많은 여성 폭력이 일어나고 있음을 살면서 목격해왔을 뿐이었다. 그러니 금연 구역에서 흡연을 금지한다고 흡연자들이 '모든 흡연자를 잠재적 범죄자 취급한다'고 억울해하지 않듯, 성폭력을 금지한다고 남성들이 '모든 남성을 잠재적 가해자 취급한다'고 억울해할 필요는 없는 것이다. 성폭력을 하지 말라는 페미니스트들의 외침이 불편할지언정 조롱하고 공격할 이유는 더더욱 없다. 함께 성폭력은 없어져야 한다고 주장하고 그 소신에 맞게 살면 된다.

신남성연대와 남초 커뮤니티, 이준석 대표는 모두 이 간단한 이치를 부정해왔다. 그리고 우리 사회는 그들이 그렇게 얻은 인기, 돈, 명예, 권력을 성공으로 둔갑시켰다. 팔로워나 조회 수, 좋아요 수, 구독자 수, 주목도, 지지율은 곧 능력이자 정당성이 되고, 그 숫자의 의미는 사후적으로 구성되었다.

능력주의를 신봉하는 그들의 '능력'이 다시 질문되어야 한다는 생각이 들었다. 얼마나 이슈와 트러블을 잘 만드느냐보다 어떤 이슈와 트러블을 만드는지가 더 중요하다. 유권자에게 정치적 효능감을 주더라도 유권자를 유권자의 위치에만 묶어두려 한다면 좋은 정치라고 할 수 없다. 무엇보다 듣고 배우기를 멈춰버린 운동과 정치에는 자격이 없다. 교제 살인*이 젠더 폭력과 관계가 없다며 '젠더 뉴트럴'**을 선언하고, 젠더 이슈에 관해 자신은 안티페미니스트가 아니라 '젠더 중립'이라 말하는 이준석 대표에게 단지 미국 명문대를 졸업했다는 이유로 언제까지 젠더 이슈에 관해 발언할 자격을 주어야 할까? 그는 디지털 성폭력의 심각성이 알려지고 나서야 겨우 'N번방 방지법'이 시행되자, 카카오톡 채팅방에 고양이 사진이 올라가지 않는다는 가짜뉴스를 들먹이며 통

* 교제하던 연인 관계에서 데이트 폭력이 살인으로 이어진 경우를 일컫는 말. 2016년부터 2018년까지 108건의 판결문 분석을 통해 교제 중 남성의 폭력으로 죽임을 당한 여성은 '최소한' 108명임을 밝힌 〈오마이뉴스〉의 특별기획 이후 상용화되었다.
** 젠더 뉴트럴(gender neutral)은 하나로 특정할 수 없거나 중립적인 젠더를 지닌 것을 의미한다. 이분법적 성별 구분과 성 역할에서 벗어나 사람 그 자체를 중시하는 경향을 뜻하기도 한다. 이를 성폭력 사건 등 젠더 이슈에 대해 중립적인 입장을 취한다는 의미로 사용하는 것은 적절치 않다.

신의 자유니 사전검열법 개정이니 하는 남초 커뮤니티의 주장을 곧이곧대로 공식화했다. 신남성연대의 요구대로 여성가족부 폐지를 대선 공약으로 만들었고 그들이 원하지 않는 여성 인사의 권한을 모조리 박탈했다. 급기야 '이대녀 패싱'에 대한 비판의 목소리가 나오자, 이준석 대표는 20대 여성들은 "여자라서 죽었다"라는 구호를 어젠다로 발전시키지 못했다며 유권자를 탓했다. 그러나 이는 그의 무지함을 드러낸 것과 다름없었다. 그간 여성들이 N번방 방지법과 스토킹 처벌법 제정, 낙태죄 폐지, 불법촬영 근절 대책 수립 등 많은 어젠다를 쏘아올린 것과 별개로, 구호를 정책화하는 것은 정치인의 능력이다. 정작 그 구호의 이면과 수많은 정치적 요구들을 외면해온 것은 그가 아닌가?

나는 이준석 대표가 그를 지지하는 이대남들을 잠깐 대변해 줄 순 있어도 그들의 삶을 진정으로 낫게 만들 의지와 능력을 가졌다고는 생각하지 않는다. 여성가족부와 여성 할당제는 이대녀의 삶을 조금이나마 나아지게 할지언정 이대남의 삶을 팍팍하게 하는 근본적인 원인이 아니기 때문이다. 그는 그러한 성차별적 요구의 배경에 있는 청년 세대의 지독한 경쟁 체제와 불안정성을 공정이라는 이름으로 추켜세워 유지하면서 표를 얻으려 할 뿐이다. 윤석열 후보의 약속처럼 기업 규제가 완화되고 노동시간이 유연해진다면 양극화가 해결될 리 만무한데, 과연 "우리는 여성혐오주의자가 아니다"라는 신남성연대의 구호가 누구의 삶을 구원할 수 있을까.

내가 느낀 위기감이 당장 해소되긴 어렵더라도, 점차 전보다 많은 사람들이 이러한 질문들을 함께 던져줄 것이라 믿는다. 안티페미니즘과 능력주의가 얼마나 많은 이들을 낙오시키는지, 거기서 예외가 되기란 얼마나 어려운지에 대해서 말이다. 이 모든 게 얼마나 구태 정치와 닮아 있는지 비교하며, 새로운 것이 아니라 더 나쁜 것이었다는 평가도 덧붙여질 것이다. 미국 원작의 드라마 속 캐릭터였기에 가능했던 윤찬경과 같은 보수 정치인은 언제쯤 한국 사회에서 만나볼 수 있을까? 이제는 진짜 수준 높은 호적수를 보고 싶다.

코로나 시대의 자발적 실업자

└ 로라

2020년 2월 대학을 졸업했다. 코로나 바이러스가 국내에도 기승을 부리기 시작하던 시기였다. 졸업식이 취소되고, 이틀간 진행한다고 공지되었던 졸업 가운 대여도 하루만 진행한 후 황급히 종료되었다. 나는 졸업 앨범도, 졸업 가운을 입고 찍은 사진도 없이, 5년간 생사고락을 함께한 장소를 떠나게 되었다.

남들은 다 가진 것을 못 가져서 아쉬웠냐고 묻는다면, 꼭 그렇다고 대답하긴 힘들다. 페미니스트로 활동하던 나에게 대학은 일상의 공간인 동시에 반복되는 투쟁의 장소였고, 수많은 실패와 패배의 장소이기도 했다. 마침내 그 공간을 떠나게 된다고 생각했을 때는 오히려 후련하기도 했다. 그 시간들을 기념하고 추억하기 위해 이름도 얼굴도 모르는 졸업자들의 사진이 잔뜩 실린 앨범이 꼭 필요하지는 않았다. 나는 친구들에게 꽃다발을 받고, 케이크를 나누어 먹으면서 더 이상 내가 대학생이 아니게 된 것을 축하했다.

그때 내 발목을 붙잡은 것은 아쉬움과는 조금 다른 문제였다. 졸업 전 마지막 겨울방학을 보내는 동안 나는 대부분의 대학 졸업 예정자들이 할 만한 고민으로 골머리를 앓고 있었다. '졸업하면 대체 뭐 하지?' 나는 사회적 성공이나 멋진 커리어에 대한 동경은 거의 없었지만 나 한 사람을 먹여 살릴 정도의 돈은 벌고 싶었다. 하지만 대학에 다니는 동안 그럴듯한 취업 준비 활동은 한 번도 한 적이 없었고, 몇 개의 인턴 지원서를 내봤지만 다 떨어졌다.

늘 바글바글했던 서울의 번화가들이 별안간 한산해진 전염병의 시대였다. 전염병이 없었을 때도 '취준'은 전쟁에 비견되는 것이었지만, 코로나 시대로 돌입하고 보니 그것은 더욱 어렵고 요원한 무언가가 되었다. 기업들의 신규 채용이 대폭 축소되거나 취소되었다는 소식이 반복해서 들려왔고, 동창과 동기 대부분은 각자의 살길을 도모하기 위해 내가 알지 못하는 곳으로 떠났다. 평소 내 생활신조는 '어떻게든 되겠지'였는데 그때는 정말 어떻게든 안 될 것 같은 분위기가 전국적인 스케일로 몰려왔다. 나는 불안감이 들 때마다 구직 앱을 켜서 적당한 곳에 비슷한 이력서들을 마구 흩뿌렸다. 그냥 불안감을 잠재우기 위한 의식 같은 거였고,

인사 담당자들도 그것을 알았는지 답신이 오는 경우는 별로 없었다.

마음 한편으로는 어차피 전염병이 없었더라도 이 '청년 실업 100만' 시대에 나처럼 별 볼 일 없는 인간은 취업이 안 됐을 것이고, 차라리 전염병과 취준 시기가 겹친 것이 이른바 '명예로운 죽음'이 아닐까 싶기도 했다. 누가 '취업 안 하니?' 하고 물어보면 '아시다시피 요새 세상이 전염병으로 흉흉하여 취업 시장이 꽉 얼어붙어버렸습니다' 하고 변명할 수도 있고···. 하지만 잔소리를 모면하는 건 한때일 뿐이고 내가 먹여 살려야 할 내 인생은 한참 남아 있었다. 나는 아무 데나 일단 데려가달라는 심정으로 계속 이력서를 뿌렸다. 이 시기를 겪어본 사람이라면 알겠지만 어느 시점부터는 어떤 회사라도 일단 들어가기만 하면 다 잘될 것 같은 이상한 자신감이 생긴다.

그렇게 취준 중이라고는 하지만 실상은 (이력서를 뿌리는 것 말고는) 별로 하는 것 없이 놀고 있는 시간을 몇 달 보낸 후에 나는 한 회사에 계약직으로 입사하게 되었다. 손바닥만 한 규모는 아니지만 그렇다고 대기업도 아닌 그런 많은 회사들 중 하나였다. 막 온라인을 기반으로 사업을 확장하고 있던 그 회사는 전염병으로 인한 '언택트 시대'를 기회로 삼았고 그래서 할 일이 많았다.

사실 할 일이 너무 많았다. 대부분의 사람들은 과중한 업무에 시달리고 있었고 이직률과 퇴사율도 높아서 몇 주 걸러 누군가 그만두었다는 소식을 들었다. 몇 달 만에 주변에 앉는 사람들의 구성이 완전히 바뀌었고 나는 경력자의 퇴사로 인해 처음 하던 업무와 전혀 다른 업무들을 급하게 인계받았다.

그 회사가 흔히 볼 수 없는 끔찍한 블랙 기업이었다고 말하려는 것은 아니다. 나는 괴롭힘을 당하거나 인격적인 모독을 당하지는 않았고 대부분 상식적인 수준의 대우를 받았다. 변동이 잦은 업무 환경은 단지 그 회사만이 아니라 많은 회사가 일상적으로 마주하는 현실인 것처럼 보였다. 다른 사람들도 모두 어떻게든 자신의 몫을 해내고 있었다. 하지만 나는 그 속도에 나를 맞출 수 없었다. 사회의 평균적인 속도에 맞출 수 없다는 감각은 나를 무척 우울하게 만들었다. 하루의 일을 어영부영 마치고 집으로 돌아가는 지하철에 올라탈 때마다 나는 사회에서 일하면서 살아갈 수 없는 사람이라는 생각을 했다.

일을 그만두고 싶었지만 쉽게 결심할 수는 없었다. 그때는 일을 그만둔다는 게 취직의 길을 완전히 포기하는 것처럼 느껴졌다. 게다가 코로나로 신규 채용이 꽉 얼어붙은 상황에서 다니고 있는 회사를 그만두는 건 엄청나게 배부른 일 같기도 했다. 경제적으로 아주 어려운 상황도 아니었고 그 업계에 계속 붙어 있어야 하는 입장도 아니었지만 퇴사를 결심하는 건 어려운 일이었다.

어쨌든 시간은 흘러 나는 퇴사를 결정할 용기를 냈고 큰 프로젝트 하나를 마무리한 뒤 마침내 회사를 떠날 수 있었다. 그런 선택을 할 수 있었던 것도 퇴사로 인해 잃을 것이 많지 않은 상황이었기 때문일 것이다. 나는 실제로 퇴사를 선택할 수 없었을 수많은 사람들에 대해 생각해본다. 이곳 말고 다른 곳에 갈 수 있을까 하는 두려움은 너무나 쉽게 밀려든다. 경력다운 경력이 없는 사회 초년생 여성에게는 훨씬 가깝고 실체적인 두려움이다. 심지어 코로나로 취업 기회가 현저히 줄었다고 느껴지는 이런 시기에 직장 선택이 정말 자신의 오롯한 선택이라고 생각하는 사람은 없을 것이다. 운이 좋아 다른 곳에 갈 수 있다고 해도 비슷한 문화가 일상화된 업계에서 뭔가 크게 달라질 거라고 확신할 수도 없다.

2021년이 흐르는 동안 나는 퇴사를 선택할 수 없어 자살을 선택한 여성들의 소식을 여러 번 전해 들었다. 소식을 들을 때마다 나는 오직 죽음을 통해서만 도망칠 수 있다는 그 감각을 떠올려본다. 살고 싶어서 일을 하는데 일 때문에 사람들이 죽는다. 체계가 없고 과중한 업무, 부조리한 사내 문화, 업계의 폐쇄성과 보수성, 성차별과 성폭력, 그런 것들이 여성들을 일터에서 밀어낸다.

특히 성차별과 성폭력 문제는 미투 운동이 대한민국을 휩쓸고 간 후에도 여전히 뿌리 깊게 남아 여성들을 일터의 외부인으로 만들고 있다. 2021년 10월에는 직장인 익명 커뮤니티 앱 블라인드를 통해 한 회사에서의 잇따른 성희롱과 그로 인한 피해자들의 부당한 퇴사 등이 문제 제기되기도 했다. 모 회사가 면접 과정에서 여성 지원자를 고의적으로 배제하고 '군대에 안 갔으니 월급을 적게 받는 것에 동의하느냐'는 등의 성차별적인 질문을 했다는 것이 밝혀져 지탄을 받았던 2020년으로부터 그리 긴 시간이 흐르지 않은 때였다.

그 소식들을 듣고 나니 신입사원 필수 교육으로 성희롱·성폭력 예방교육을 들었던 기억이 떠올랐다. 코로나 때문에 모두 온라인 교육으로 전환되어 다들 자신의 컴퓨터로 각자 듣고 있었다. 나는 영상을 틀어놓고 일을 하다가 가끔씩 들여다보았는데 교육 내용은 아주 훌륭했다. 직장이라는 공간적 특수성과 직급 차에서 오는 권력의 문제도 고려했고, 성폭력 사건에서 가해자와 피해자만이 아니라 조직의 주변인들과 조직 책임자의 역할까지 아울러 다루고 있었다. 그 친절한 강의에서는 성폭력을 피해자 탓으로 돌리고 비난해서는 안 되며, 사건을 은폐하고 묵과하는 조직 문화는 반드시 쇄신되어야 한다고 분명하게 말했다.

교육이 무의미하다고 생각하지는 않는다. 그 교육에서는 수많은 활동가들이 지금까지 변화를 위해 이어 온 수많은 노력의 흔적이 보였다. 그러나 이 공간에서 누가 이것을 제대로 듣고 있는지는 알 수 없었다. 모두가 컴퓨터 화면에만 얼굴을 들이밀고 있었고 업무 시간의 사무실은 아주 조용했다. 이런 상황 속에서 어딘가의 회사에서는 계속해서 조용히 성희롱과 성폭력 사건이 발생하고 피해자들은 거의 아무런 도움도 받지 못한 채 혼자 견디거나 퇴사를 선택하고 있었을 것이다.

기성세대는 우리에게 'MZ세대'라는 이름을 붙여놓고는 우리가 기존의 사내 문화에 따르지 않고, 회사의 발전에는 관심이 없고, 승진보다 여유 시간을 중시하고, 열심히 일하는 것보다 노는 것을 좋아하는 새로운 모습의 청년들이라고 이야기한다. 하지만 나는 열심히 일하고 싶었고 일을 잘하고 싶었다. 업무 현장에서 쓸모없는 인간이 되고 싶은 청년들은 많지 않다. 하지만 아무도 내가 일을 잘할 수 있도록 기다려주지 않았다. 그리고 일을 잘할 수 있도록 돕는 지원이 전혀 없는 공간에서 일해야만 하는 경우는 나 말고도 수없이 많다. MZ세대의 특징이라고 불리는 것들은 대부분 자신을 배려하지도, 책임지지도 않는 사회에 청년들이 나름대로 적응한 결과에 불과하다.

내가 그 회사에서 계속 버텼더라면 언젠가는 한 사람 몫 정도는 해낼 수 있었을 것이다. 그때가 되면 집으로 돌아가는 지하철에서 내가 쓸모없다고 생각하며 우울해하는 일도 없을지 모른다. 최대한 일을 떠맡지 않으려 하고, 일이 없을 때는 월급 루팡

짓도 하면서, 기성세대가 생각하는 '훌륭한 MZ세대'가 되었을지도 모른다. 하지만 그때도 여전히 그곳은 많은 것을 버텨내야만 하는 세계일 것이고 모두가 그렇게 버텨내야만 유지되는 세계일 것이다. 나는 그 안에서 살아가는 사람들에게 무한한 존경을 느낀다. 하지만 나는 그 세계에 편입될 수 없었고 편입되고 싶지도 않았다.

나는 코로나 시대의 자발적 실업자다. 하지만 내 선택을 조금도 후회하지 않는다. 오히려 그런 선택을 할 수 있는 상황이었음에 감사한다. 그러나 나는 나의 '자발적 실업' 뒤에 놓인 수많은 '타의적 환경'들을 계속 기억할 것이다. 나를 포함해 많은 사람들이 그 안에 서 있으며 고통받고 있다. 월요일에 분노하고, 대책 없는 업무에 막막해하고, 의욕 없이 무기력해하고, 회사를 불태우고 싶어 하고, 상사를 죽이고 싶어 하고, 언제나 집에 가고 싶어 하는 수많은 직장인 밈(meme)들을 볼 때면 이렇게 많은 사람들이 자신의 일상을 증오하면서 살아가야 한다는 사실이 아득하게 느껴진다. 나는 그저 일하면서 고통받지 않아도 되는 세계를 원한다. 그리고 그런 세계가 도래하기 위해서는 아주 많은 것이 바뀌어야 한다.

2부
백래시에 맞서다

유세차를 탈 수 없다면 트럭을!

└ 신민주

"어머니 은평."

제21대 총선에서 재선에 성공한 강병원 더불어민주당 의원의 슬로건을 유심히 본 날이 있었다. 제20대 총선 때였다. 공보물과 벽보에 '어머니 은평'이라는 단어가 크게 쓰여 있었다. 어머니처럼 포근한 은평을 만들겠다는 슬로건이었겠지만 나는 그 짧은 슬로건에서 다른 것을 읽었다. '강요된 희생.'

아주 오랫동안 여성은 가족의 일원으로서만 취급되었다. 수많은 여성이 자신의 삶 대신 가족을 위해 헌신할 것을 요구받았다. '어머니'라는 찬사 뒤에는 '맘충'이라는 혐오가, '노키즈존'이라는 차별이, '경력단절'이라는 현실이 감추어져 있다. 왜 포근함과 사랑을 주어야 하는 주체는 늘 엄마로 상정될까? 아직도 여성 정치인들에게 '엄마'라는 호칭은 칭찬으로 사용된다. 2021년 서울시장 재보궐선거 당시 이낙연 더불어민주당 상임선거대책위원장은 박영선 후보를 "엄마의 마음으로 아이를 보살피고 기를 마음가짐"을 가진 후보라고 평가했다. 여성 의원들이 자신의 입으로 "부산의 큰며느리"니 "엄마 같은 정치인"이니 하는 말을 하는 경우도 흔히 볼 수 있다.

가족 내부의 호칭으로 여성 정치인들을 부르는 의도는 명확했다. 화합을 위한 포용적인 이미지를 얻기 위함이었다. 돌봄과 육아를 책임지고 사랑을 만들어내는 사람이 여성으로 상정될수록 여성이 만드는 리더십도 비슷한 모습을 가질 것을 요구받았다. 똑같은 말을 해도 남자 정치인들은 '사이다'가 되지만 여성 정치인들은 되바라지고 예의 없는 사람이 되는 것처럼. '강한 여성'으로서 젊은 여성들에게 꽤나 환영받았던 강경화 전 외교부 장관조차도 "남성 위주의 기득권 문화 속에서 내가 과연 받아들여지고 있나 하는 질문을 스스로 할 때가 없지 않다"라고 말한 적 있다.

책상을 치며 호통치고, 폭탄주를 돌리며 남자들끼리만 으쌰으쌰 하는 호모소셜(homosociality, 같은 성끼리의 강한 유대감) 정치는 여성이 주요한 결정권을 갖는 것을 막았다. 남성이 싸우는 동안 여성은 뒤에서 화합을 위해 노력하는 역할을 부여받았다. 그 역할을 거부하는 사람은 별종 취급을 당했다. 까놓고 말해, 엄마도 책상을 치며 호통칠 수 있고, 폭탄주를 돌릴 수 있고, 다정하고 온건한 말투 대신 강하고 사나운 말투를 쓸 수 있는 것 아닌가? 폭력적이지 않고 더 많은 사람들을 포용할 수 있는 새로운 방식의 리더십은 끊임없이 탐구되어야 하지만, 그 리더십이 여성의 '선천적인 능력'에 기반해서 만들어질 수 있다고 믿는 것은 바람직하지 못하다. 그러한 믿음은 여성의 성역할을 고착화하는 데 기여할 뿐이다. 그렇기에 남성 정치인이 화합의 리더십을 표방하기 위해 그 자신은 절대 부여받지 않아도 되는 호칭인 '어머니'를 들고나온 것이 씁쓸했다.

어머니라는 말은 여성의 이름을 지웠다. 누군가의 어머니, 누군가의 아내, 누군가의 딸로 불리는 동안 여성은 자신을 위한 시간과 자원을 잃었다. 어머니라는 단어는 포용적인 이미지를 묘사하기 위해 손쉽게 사용되기 십상이었고, 그럴수록 여성에게 요구되는 희생은 당연한 것으로 포장되었다. 희생이 아름다운 것이 되는 순간, 희생하는 주체의 행복은 멀어진다.

"어머니 은평"이라는 슬로건을 본 후, 자연스럽게 나의 슬로건도 생겼다. "누군가의 어머니, 아내, 딸이 아닌 내 이름으로 불리는 세상." "어머니 은평"이라는 말 속에 담길 수 없었던, 대변될 수 없었던 사람들의 이야기를 해보고 싶었다. 내가 제21대 총선에 출마하게 된 것은 그 때문이었다.

제21대 국회의원 선거 지역구 최연소 후보, 20대 후보, 여성 후보, 군소정당 후보. 출마 선언을 한 이후 여러 수식어가 붙었다. 그중에 가장 좋은 것은 "페미니스트 후보"라는 슬로건이었다. 그러나 어리고, 작은 정당 소속이고, 여성이며, 자식이 없는 후보라는 특징이 나의 주장보다 앞설 때가 더 많았다. "혹시 결혼하셨어요?" "남자예요, 여자예요?" "스물일곱 살? 애기네, 애기!" 그때마다 웃어야 할지 울어야 할지 헷갈렸다. 그런데 뜻밖에도 가장 힘든 것은 유권자들의 질문이 아니라 선거법이었다. 선거법은 철저하게 50대 남성 가장을 중심으로 짜여 있었다.

지금의 선거법은 후보자의 직계존비속이 시민들에게 명함을 교부할 수 있도록 허용하고 있다. 쉽게 말해 다른 사람들은 후보자 대신 명함을 뿌릴 수 없지만, 후보자의 자녀와 부모는 시민들에게 명함을 뿌릴 수 있다. 자녀가 많거나 부모가 경제활동을 하지 않아도 되어 선거운동을 도와줄 수 있는 후보자들은 이러한 조항 때문에 그렇지 못한 후보자보다 더 많은 명함을 시민들에게 교부할 수 있다. 나이가 어리고, 결혼하지 않았으며, 부모가 아직 퇴직하지 않은 나 같은 후보자들은 시작부터 명함을 교부할 수 있는 인원이 다른 후보보다 적을 수밖에 없다.

법적으로 선거운동원 수가 정해져 있지만, 이 제한된 수에 후보자 가족은 포함되지 않는다. 자식이 많고 부모가 살아 있는 후보들이 다른 후보들보다 더 많은 사람들과 선거운동을 할 수 있다. 나와 함께 겨루었던 한 후보자의 경우, 배우자 그리고 자녀 세 명과 함께 선거운동을 하기도 했다. 가족을 동원할 수 있는 기혼, 50대 이상 남성 후보자들이 이 선거법에서 가장 많은 혜택을 입는다. 가정폭력 피해자, 동성인 파트너와 살며 입양을 선택하지 않은 후보자, 한부모가정에서 컸거나 부모가 사망한 후보자들은 명함을 줄 수 있는 사람도 적고, 선거운동원도 적은 상황에서 출발선을 밟을 수밖에 없다.

나는 출마를 한 후 "억울하면 애 낳아라?"라고 쓰인 피켓을 들고 기자회견을 했다. 지금의 선거법을 큰 피켓에 인쇄한 다음 기자회견 참여자들과 함께 피켓으로 달려가 'F' 스티커를 마구 붙였다. "저는 결혼하지 않을 생각이기 때문에 선거법이 개정되지 않는다면 10년 후, 20년 후에도 불리한 조건에서 선거운동을 시작하게 될 것입니다." 선거 때마다 누구 아들이 가장 잘생겼는지, 누구 딸이 가장 예쁜지 '얼평'하는 것도 지겹다고 발언했다. 생각보다 많은 이들이 기자회견에 관심을 가져주었다. 그러나 당장 법이 바뀌진 않았다. 한쪽 발에는 선거법이라는 족쇄가 묶인 채로, 한쪽 발에는 '어린 여자애가 정치를 잘할 리 없다'라는 편견을 달고 선거 레이스를 시작해야 했다.

그런데 정신 차려보니 나는 '돈 없는 후보'이기도 했다. 기탁금 1500만 원. 평생 만져보지 못한 돈이었다. 여기에 모든 시민들에게 뿌려질 공보물을 생각하면 선거에 필요한 돈의 액수가 기하급수적으로 증가했다. 유세차도, 선거사무소도 구해야 했다. 빵빵한 후보들이 타고 다니는 유세차는 빌리는 데만 1000만 원이 든다는 사실을 나중에 알았다. 선거는 돈, 돈, 돈이었고, 나는 그놈의 돈, 돈, 돈이 없었다. 예산은 3000만 원을 돌파하더니, 곧이어 4000만 원을 돌파했다. 출마를 하겠다고 말해버렸는데 돈을 구할 방법이 생각나지 않았다. 막막하고 무서웠다. 불리한 선거법, 부족한 인지도, 빽도 돈도 없는 현실. 나를 알릴 방법이 마땅히 생각나지 않았다. 어느 날은 너무 막막해서 책상에 엎드려 펑펑 울었다. 온통 불리한 선거라는 게임판에 나는 너무 쪼끄만 말이었던 것이다.

"민주 씨, 같이 해봐요. 할 수 있어요."

그때 나를 구원한 것은 나와 함께 선거운동을 하기로 약속한 동료들이었다. 울고 있는 나에게 다가와 말없이 내 막막함과 두려움에 귀 기울여준 사람들이 있었다. 페미니즘 선거를 만들어보자는 한마디만으로 모인 사람들이었다. 10대에서 40대까지 온통 비혼으로 구성된 선거운동원들과 몇 차례의 대화를 한 후, 어차피 다들 하는 선거 방식대로 할 수 없는 이상 '한 번도 경험해보지 못한 선거'를 만들기로 했다. 그래, 우리는 돈도 없고, 빽도 없고, 듣보잡이며, 세상이 혐오하는 악마이자 마녀인 페미니스트들이었다. 길이 없으면 우리가 만들면 되었다.

우리는 영상이 빵빵하게 나오는 유세차 대신, 지인이 팔아버리려고 했던 트럭을 헐값에 사서 유세차를 만들었다. 선거사무소는 길가에 있는 3평짜리 음악 연주실을 빌려 쓰기로 했다. 일상 브이로그를 중심으로 하는 유튜브를 시작했고, 매주 한 편의 에세이를 구독자에게 발송해주는 서비스를 론칭했다. 그리고 우리가 해야 하는 이야기를 시작했다. 우리는 2020년 초, 모두가 외면했던 'N번방 사건'을 알려보기로 결정했다.

예비 선거운동 기간 동안 주야장천 N번방 사건을 해결할 것을 요구하는 피켓을 들었다. 그때는 많은 사람들이 N번방 사건을 인지하지 못한 상태여서 몇몇 페미니스트들만이 외롭게 싸우던 시기였다. 처음에는 N번방 사건에 대해 외치는데 아무도 알아듣지 못했다. 하루가 지나고 이틀이 지나자, 처음으로 응원한다며 따뜻한 음료를 손에 쥐여주는 시민이 생겼다. 그리고 한 달쯤 피켓을 들었을 때 조주빈이 체포되었다. 그때부터 상황이 급변하기 시작했다. 관심 없이 빠르게 발걸음을 옮기던 시민들이 피켓의 내용을 읽기 시작했다. 세상이 바뀌고 있는 것 같았다. "이번 선거를 N번방 사건을 해결하는 선거로 만들어보아요." 본 선거가 시작되는 새벽, 동료들과 나는 굳게 다짐했다. 우리는 새로운 선거로 세상을 바꾸어보기로 했다.

사건은 본 선거운동이 시작되었던 날로부터 일주일쯤 지난 4월 7일에 발생했다. N번방 사건에 대해 피켓을 들고 선거운동을 하는 나와 동료들이 마음에 들지 않았던 것일까, 아니면 '페미니스트'라는 말을 슬로건으로 쓴 것이 마음에 들지 않아서일까, 혹은 그냥 20대 여성이 정치를 하겠다며 설치는 모습이 마음에 들지 않았던 것일까. 한 통의 전화가 걸려왔다. '벽보 훼손'이라는 말이 얼핏 들렸다. 급하게 차를 타고 달려간 그곳에는 난도질되어 있는 내 얼굴 사진이 걸려 있었다.

CCTV가 없는 장소에서, 지문도 발견되지 않은 사건. 타 남성 중년 후보자들의 벽보는 흠집 없이 깨끗한데 내 얼굴만 이리저리 난도질되어 있는 것을 확인하게 되었다. 칼과 같은 날카로운 물체로 얼굴 부분을 그어 훼손한 자국이었다. 멍하니 훼손된 벽보를 보고 있는데 무엇이 그렇게 분노를 살 만했는지 이해가 되지 않았다. 두꺼운 보호 필름과 사진의 얼굴 부분을 찢어버릴 만큼 나는 뭘 잘못했는가. 20대 여성인 내 사진만 훼손되어 있는 것, 그것은 명백히 여성혐오적인 범죄였다.

선거관리위원회에서 벽보를 갈아주지도 않았기 때문에 나는 직접 훼손된 벽보를 경찰에 제출하고 새로운 포스터로 벽보를 갈았다. 끙끙거리며 벽보가 사방으로 흐트러지지 않도록 붙이기 위해 노력하는데 내가 정말 빽 없고 돈 없는 후보가 맞는 것 같았다. 그날 저녁, 나는 흉기를 가진 괴한이 나를 공격하러 오는 악몽에 시달렸다.

벽보 테러는 한 번으로 끝나지 않았다. 4월 15일, 투표 당일 벽보 훼손 사건이 또 발생했다. 경찰도 선거관리위원회도 알려주지 않았기에 SNS에서 훼손된 나의 벽보 사진을 보고서야 그 사실을 알았다. 심지어 투표장 바로 앞에 있는 벽보였다. 곧바로 벽보가 훼손된 장소로 택시를 타고 갔고, 새벽 1시가 되어서야 나는 또다시 찢어져 있는 내 벽보를 마주하게 되었다. SNS에 사진이 올라온 지 11시간 만에, 그러니까 벽보 훼손이 진행된 지 최소 11시간이 지난 후에야 벽보를 수거할 수 있었다. 사진 속 나는 입 주변과 볼이 찢어진 채 웃고 있었다. 도대체 왜 그랬을까. 답 없는 질문들이 머리에 떠돌았다.

선거 기간 동안 일어난 일은 벽보 훼손뿐만이 아니었다. 첫 번째 벽보 훼손이 있었던 이틀 후, N번방 사건과 관련된 피켓을 들고 선거운동을 하고 있던 동료에게 미래통합당(현 국민의힘) 후보가 다가왔다. 그는 내 동료가 들고 있는 피켓을 유심히 보다가, 부적절한 '농담'을 건넸다. 그는 피켓에 쓰여 있던 N번방이라는 글씨를 가리키며 이렇게 말했다고 했다. "N번방. 허허, 나는 2번 방인데. 2번 ○○○." 그 말에 충격을 받은 동료는 곧바로 문제 제기를 했다. 하지만 이후 해당 후보 캠프 관계자는 언론과 인터뷰에서 "후보는 2번방이라는 말조차 꺼내지 않았고 그렇기 때문에 공식 입장 등을 발표할 게 없다"라고 말했다. 우리를 거짓말쟁이 취급한 것이었다.

비슷한 일은 이전에도 있었다. N번방 사건 관련 청와대 국민 청원이 200만 명의 동의를 받았던 날, 나는 예비 후보로서 그 후보와 비슷한 장소에서 선거운동을 하고 있었다. 목청껏 "N번방 사건, 함께 해결합시다"를 외치는 나에게 그는 이렇게 말했었다. "후보님 덕분에 N번방 사건이 무엇인지 처음 알게 되었어요." 그걸 이제야 알았다니 어이가 없었다. 나는 화를 내면서 지금 안 것이 자랑이냐고 응수했다. 나의 분노에 그는 웃으며 "쏘리!"라고 응답했다. 그 이후로 나는 그가 N번방 사건에 대해 조금이라도 고민하고 찾아보길 바랐다. 그러나 그는 그러지 않았다.

그가 스스로 사과하지 않았기에 우리는 그에게 사과를 요구하기로 했다. 공교롭게도 바로 다음 날, 선거운동을 하던 도중 후보를 만났다. "저 기억하시잖아요. 저 연신내역 출구 앞에서 보셨잖아요! 저에게 2번방이라고 조롱했잖아요! 사과하세요!" 동료가 소리쳤다. 후보는 "만나기는 했지만 기억이 나지 않는다"라고 대답했다. 답답한 대화가 이어졌다. 우리가 물러나지 않자 그 후보는 자리를 비키며 "공식적으로 가서 입장을 밝히겠다"라고 대답했다.

횡단보도를 건너 그 후보에게서 조금 멀어졌을 때 동료가 울기 시작했다. 자존심이 상해 꾹꾹 눈물을 참고 있다가 그 후보가 보이지 않는 곳에 이르자 울기 시작한 것이다. 그의 울음소리가 파도처럼 쏟아져서 나의 발을 적시고 있는 것을 물끄러미 바라보고 있었다. 조금씩 조금씩 그 감정들이 나의 마음속에도 차올랐다. 억울했다. 분노가 일었다. 여성들의 고통을 모른 척하는 그 정치가 미웠다. 바꾸고 싶었다. 그런데 우리는 힘이 없었다. 우리는 여전히 쪼끄만 여자애 취급을 받았다. 그 울음소리를 가만히 듣다가 그만 나도 울어버리고 말았다. 우리는 끝끝내 사과받지 못했다.

우리가 발칙하게도 거대 야당 후보에게 사과를 요구했기에 그의 지지자들은 화가 났다. 나의 개인 전화번호로 후보의 지지자들이 항의 전화를 걸어 협박했다. "민주야, N번방 좀 터트리지 마." 누군가 그렇게 말했다. 선거운동 마지막 날에는 삿대질하고 고성을 지르며 선거운동원을 위협하는 사람도 있었다. 모든 사람들이 다 쳐다보는 길거리에서 바락바락 소리를 지르며 그에게 지지 않으려고 노력했다. 그는 내가 후보라는 사실도 못 알아봤다. 나는 쪼끄만 여자애였으니까.

이 이야기는 어떻게 끝났을까. 2600명의 득표와 1.9퍼센트의 득표율. 내 키만큼 쪼끄만 득표율이었다. 누군가는 형편없는 득표율이라 할지도 모른다. 그러나 그것은 당선될 리 없는 나를 위해 세상의 사람들이 용기 내서 던진 표이기도 했다. 선거에서 차악을 선택하긴 쉽지만, 최선을 택하는 것은 용기가 필요한 일이었다. 나는 그 2600명이 용기 내어 자신들의 최선을 선택했다는 사실을 안다. '버려질 표'라는 말을 듣고도 그들은 선거에서 자신의 미래를 선택했다. 무척이나 영광스러운 일이었다.

정치는 나에게 등을 돌렸지만, 은평에 사는 한 줌의 페미니스트들은 나에게 손을 내밀었다. 찢어진 얼굴 사진이 거리 한복판에 붙어 있던 날에도, N번방 사건을 조롱하는 다른 후보를 만났을 때도, 후보임에도 거리에서 바락바락 소리를 질러야 했던 날에도, 다른 후보가 세 명의 자식 그리고 배우자와 함께 선거운동을 하는 모습을 부럽게 바라봐야 할 때도, 이름 모를 사람들이 나에게 찾아왔다. 다들 '쪼끄만 여자애' 취급받는 사람들이었다. "힘내세요!"라는 말을 들을 때면 진짜 힘이 났다.

나는 정치가 그간 그들에게서도 등을 돌리고 있었다는 사실을 안다. 그들도 나와 같은 것을 느끼고 있었을 것이므로. 그들은 자신의 이야기를 대신 해주는 정치인을 만날 기회가 너무도 적었다. "어머니 은평", 그 슬로건으로 결코 설명할 수 없는 이름을 가진 여자들이었다.

이름을 가진 여자들과 세상에 없는 선거를 했다. 정치가 등을 돌릴 때 우리는 서로에게 손을 내밀었고, 그 손을 잡고 앞으로 나아갔다. 정치는 그 뒤를 따를 수밖에 없을 것이다. 등 돌린 정치에 끌려가지 않고, 쪼끄만 여자애들은 자신의 정치를 만들어갈 것이다.

N번방은 아직 끝나지 않았다

└ 신민주

조주빈의 얼굴이 세상에 공개되던 날, 종로경찰서 앞에 있었다. 아침 7시였다. 그가 등장하기까지 1시간가량 남아 있었지만 종로경찰서 앞은 수많은 인파로 붐볐다. 기자들이 가장 많았지만 젊은 여자들도 꽤 있었다. "기자가 아니면 들어갈 수 없습니다." 경찰서 안으로 들여보내달라는 여자들의 말에 경찰관이 딱딱하게 답했다. 기자증이 없는 젊은 여자들은 단 한 명도 경찰서 문턱 너머로 들어가지 못했다. 나도, 내 옆에서 피켓을 든 여자도, 길 건너편에 있던 무리도 마찬가지였다.

8시 정각이 되었을 때 조주빈은 목에 깁스를 하고 포승줄에 묶인 채 두 명의 경찰관들에게 끌려 폴리스 라인 앞에 섰다. 그가 고개를 들자 카메라 플래시가 일제히 터졌다. 나도 경찰서 정문에 설치된 철문에 매달려 그의 얼굴을 보았다. 그는 눈곱만큼도 떨고 있지 않았다.

철문을 잡은 손이 벌벌 떨렸다. 어떻게 그럴 수 있지? 그는 '살인자'였다. 수많은 사람을 죽음보다 더한 고통 속에 밀어 넣은 사람이었다. 그가 일말의 죄책감도 느끼지 않는 듯 행동하는 게 믿기지 않았다. 믿을 수 없을 만큼 끔찍한 짓을 저지른 그는 너무나 '흔한' 얼굴을 가지고 있기도 했다. 내 옆을 지나간 수많은 사람 중 한 명이었던 것처럼. 그날이 오기 전까지 나는 그 살인자의 얼굴을 카메라로 찍고, 침을 뱉고, 모욕하고 싶었는데 정작 내가 마주한 것은 아주 평범한 20대 남성의 얼굴이었다.

그는 수많은 사람을 죽음으로 밀어 넣었음에도 경찰과 언론을 통해 '합법적으로' 다시 한번 자신의 입장을 말할 기회를 얻었다. 멀리서 그가 마이크에 무어라 말을 하는 게 보였다. 그 말은 마이크를 타고 전파되어 피해자들이 또다시 피눈물을 흘리도록 만들 것이었다. 분노가 치밀어 올라 온몸이 부들부들 떨리는 것 같았다. 할 수 있든 없든 그의 말을 막고 싶었다. 단 한 음절도 듣고 싶지 않았다. 그에게 주어져야 하는 것은 마이크가 아니라 제대로 된 처벌이었다. 그가 입을 떼는 순간 나도 소리를 지르기 시작했다. "법정 최고형 선고하라!", "가해자는 감옥으로, 피해자는 일상으로!", "공범들을 처벌하라!" 주변에 서 있던 여자들도 구호를 외치거나 소리를 지르기 시작했다. 경찰서 정문 앞은 소음으로 아수라장이 되었다.

2020년 'N번방 사건'이라 불리는 조직적 디지털 성착취 게이트가 드디어 수면에 떠올랐다. 2019년부터 N번방 사건을 알리려 했던 수많은 젊은 페미니스트들의 노력이 드디어 빛을 발한 것이다. 같은 시기, '박사방'이라 불리는 성착취 동영상 유포방을 운영한 조주빈이 체포된 것도 큰 영향을 끼쳤다. 수많은 해시태그 운동이 벌어졌고 기자회견과 집회, 시위가 계획되었으며 수많은 엄벌 탄원서가 모였다. 2020년 상반기는 온통 N번방 사건의 해결을 바라는 이들의 목소리로 가득 차 있었다.

수면 아래에 있던 N번방 사건이 이만큼까지 온 것은 매우 고무적인 일이었다. 그러나 결과적으로 '해결'되었다고 말하기엔 민망한 수준에 그쳤다. 정치인들은 수많은 이대녀들이 쏟아낸 말을 이해조차 하지 못했다. N번방 사건이 국회 국민동의청원 10만 명의 서명을 받은 후에도 국회의원들은 망언을 쏟아냈다. 국회 회의록에는 "N번방 사건이라는, 저도 잘은 모르는데요"라거나 "자라나는 사람들은 자기 컴퓨터에 그런 짓 자주 합니다"라거나 "(딥페이크 범죄를 그림을 그리는 행위로 묘사하며)나 혼자 그림을 그린다고 생각하는 것까지 처벌할 수는 없잖아요", "청원한다고 법 다만듭니까"라는 말이 기록되었다. 딥페이크(deepfake)*를 이용한 범죄와 N번방 사건을 구분하지 못하는 의원들 덕분에 법 개정은 형편없이 이루어졌고 이는 더 큰 분노의 도화선이 되었다.

이후 몇 가지 법이 더 개정되었으나 끝내 N번방 가담자로 추산되는 약 26만 명을 모두 처벌할 수 있는 법은 만들어지지 않았다. 그나마 디지털 성착취 범죄 목록에 '시청한 죄'가 추가되었지만 도대체 무엇을 시청으로 간주할 것인지, 시청 기록을 어떻게 조사할 것인지에 대한 답은 없었다. 시청을 스트리밍 기준으로 판단할 것인지, 시청 기록 기준으로 판단할 것인지에도 답이 없었다. 보여주기식 법 개정이 아니냐는 의심이 팽배한 것은 이 때문이다.

N번방 사건이 수면 위로 올라온 지 2년이 지난 지금, 나는 아직도 이 사건의 본질을 가장 잘 관통하는 구호가 "그 방에 입장한 너흰 모두 살인자다"라고 믿는다. 이 구호는 N번방 사건 해결을 촉구한 다양한 그룹 중 하나인 'N번방 성착취 강력처벌 촉구시위'팀이 만들었다. 나를 비롯한 수많은 여성들이 이 사건에 분노했던 이유는 너무나 많은 이들이 '가담'했다는 데 있었다. 26만 명이라는 숫자는 숫자 그 이상의 상징적인 의미를 내포하게 되었다. 나의 주변에 있는 평범해 보이는 어떤 사람도 누군가를 죽이는 데 일조했을지 모른다는 의심의 징표. 그리고 그 평범하

● 인공지능을 기반으로 한 인간 이미지 합성 기술. 여성의 나체 사진에 지인의 얼굴을 합성하는 '지인능욕' 범죄에 이용되기도 한다.

게 나쁜 가해자들이 아무도 벌을 받지 않았다는 것을 끊임없이 각인시키는 징표.

발언 기회를 얻은 조주빈은 "악마의 삶을 멈추어주셔서 감사합니다"라고 말했지만, 우리 사회는 우리 곁의 너무나 평범해 보이는 수많은 '악'들을 멈추지 못했다. 그 방에 입장한 사람은 모두 살인자였지만, 끊임없이 살인자가 따로 있는 것처럼 설명되었다. 그것이 이 사건의 본질을 가리는 가장 쉬운 방법이었기 때문이다. 하지만 이 사건에 관심을 기울이고 해결을 촉구하는 이대녀들은 모두가 알았다. N번방 사건 가해자 조주빈, 강훈, 남경읍, 문형욱, 안승진, 배준환, 이원호는 이 사건의 유일무이한 가해자이자 살인자가 아니라는 것을.

'N번방 안 본 남자들 일동'이라는 명의로 "#내가_가해자면_너는_창녀다"라는 해시태그가 달리기 시작된 것은 우리가 '평범한 악'을 추방하지 못한 증거가 되었다. N번방 사건의 해결을 요구하며 피해자와 연대하겠다는 해시태그 운동을 이대녀들이 진행하고 있을 때, 몇몇 남성들은 피해자와 연대자를 비난하는 해시태그 운동을 시작했다. 그것은 N번방 사건이 아주 특이하고 나쁜 악마의 소행이라고 믿고 싶어 하는 사람들이 할 수 있는 가장 유해한 음모였다. '내가 가해자면 너는 창녀다'라는 말에는 '본 사람뿐 아니라 보여준 사람도 문제'라는 사고방식이 깔려 있었고,

이는 심각한 2차 가해였다. 성폭력 사건과 디지털 성폭력 사건에서 아주 흔하게 피해자를 공격하는 방식이기도 했다.

그들이 몹시 분노하는 것 자체가 역설적으로 디지털 성범죄가 얼마나 사회에 만연하며 평범한 범죄로 기능하는지 보여주는 것이기도 했다. 왜 남자들은 N번방 사건을 해결하자는 목소리를 그토록 증오한 것일까? 그것은 N번방 사건의 해결을 요구하는 이들이 몇 명의 가해자를 비판하는 것을 넘어 사회 전체의 '강간 문화'를 지적하는 것으로 나아갔기 때문일 것이다. 이 문제가 남성 문화 전체의 문제라면 자신들도 가해의 굴레에서 벗어날 수 없음을 직감적으로 알았을 것이다. 흔하게 소비했던 '일반인 야짤'과 '일반인 야동', 여성 연예인의 노출 동영상과 합성물에 이르기까지 성폭력을 일상적인 농담의 소재로 소비한 것, N번방 사건 같은 범죄를 알면서 모른 척했던 것까지 전부 문제가 되는 것이다.

N번방 사건이 수면 위로 올라온 2020년 여름, 길거리를 지나다니는 내 또래 남성들이 서로 "너 N번방이냐?"라고 농담하는 것을 본 적 있다. 지금도 남초 사이트에 'N번방'을 검색하면 "저런 X들이 일탈계* 하고 N번방당하는 거"라는 말과 "N번방 어디서 보냐"라는 말이 검색어에 잡힌다. 사건의 주요 가해자들이

---

* '일탈'을 하는 계정. 자신의 신체 일부나 성행위, 자위행위 등을 촬영하여 트위터 등의 SNS에 게시하는 온라인 계정.

체포된 이후 N번방 이용자들은 메신저 앱인 텔레그램에서 디스코드, 온리팬스*로 이동했다. '조주빈이라는 악마가 체포되었음에도 말이다. 그곳에서 그들은 또다시 성착취 동영상을 판매하고 구매하며 돌려 봤다. 그들은 농담을 할 것이고, 웃을 것이고, 또 다른 영상을 보기 위해 돈을 낼 것이다. 그들에게 성착취 동영상을 보는 것은 일종의 놀이 문화이기 때문이다.

그러는 동안 누군가는 또 죽을 것이다. 성착취 동영상 유포 범죄로 자살한 피해자는 국가 통계에 집계조차 되지 않는다. 그들은 사회에서 '없는 존재'로 치부되며 고통을 주변에 털어놓지도 못하고 죽는다. 그들이 죽으면 그 영상은 '유작'이 되어 더 비싼 가격으로 팔린다. 하지만 그들은 너무나 살고 싶었던 아주 평범한 개인이다.

나는 그 방에 있었던 전부를 넘어 이 사건에 가담한 모든 이들이 살인자라고 생각한다. 디지털 성범죄를 웃음거리로 만들어, 농담의 소재로 쓰고, '야짤'과 '국산 야동'을 유포하는 사람들은 모두 이 사건의 가담자이다. 그들은 자신이 '잠재적 가해자' 취급을 받는다고 분노하지만 그들은 사실 누군가를 죽음으로 몰아넣은 사람일 수도 있다. 사회는 '유일한' 가해자로 여겨진 이들에

<hr>

* 서비스로 창작자가 구독자들에게 구독료를 받고 유료 콘텐츠를 만들어 제공할 수 있는 플랫폼. 성인 인증을 한 사용자만 가입할 수 있다.

게 마이크를 줌으로써 디지털 성폭력이 얼마나 일반적인 일인지 은폐하기도 한다. 종로경찰서 앞에서 마이크를 잡아야 했던 것은 조주빈이 아니라 경찰서 내부에 입장할 권리조차 없었던 여자들이었다. 가해자들이 넘쳐나는 세상에서 이대녀들은 죽어버린 사람들과 자신을 분리할 수 없게 되었다. 우리 중 누군가는 죽었고, 많은 이들은 그 죽음의 목격자로 남았기 때문이다.

그러나 죽음의 목격자들은 디지털 성폭력(그리고 성폭력)에 대한 다양한 언어를 만들어나가고 있다. 누군가의 죽음으로부터 시작됐던 말들이 터져 나오며 더 많은 것들을 지적한다. 2016년 강남역 여성혐오 살인 사건 시위에서 나왔던 "나는 운 좋게 살아남았다"라는 말은, 2018년 혜화역 불법촬영 편파수사 규탄 시위에서 "단 한 명의 여성도 잃을 수 없다"라는 말로 변모했다. 그리고 2019년과 2020년 N번방 사건을 경유하며 "그 방에 입장한 너희 모두 살인자다"라는 말로 변화했다. 이 말들이 겨냥하는 뜻은 모두 동일하지만 우리는 '살아남았다'는 구호에서 '아무도 죽지 않는 사회를 만들겠다'는 이야기로 나아갈 수 있게 되었다. 그리고 더 나아가 26만 명, 그리고 이 사회가 거대한 공범이라는 사실을 드디어 꼬집을 수 있게 되었다.

수년 동안 잠재적 가해자 이야기에 억울해 하는 사람들과 달리 우리는 슬픔 속에서 우리가 해야 할 몫과 말들을 찾았다.

우리는 아마 오랜 시간 동안 공범들을 발견하고 지적하고 무너뜨리는 일들을 해야 할 것이다. N번방 사건도, 우리의 싸움도 아직 끝나지 않았다.

누구를 위한 알페스 처벌법인가

└ 로라

2021년 1월 11일, 청와대 국민청원 페이지에 하나의 청원이 게시되었다. 제목은 "미성년 남자 아이돌을 성적 노리개로 삼는 '알페스' 이용자들을 강력히 처벌해주세요"였다. 그 전날인 10일, 한 래퍼가 개인 SNS를 통해 알페스 문화를 비난한 후 관련 논쟁이 점차 가열되면서 청원까지 올라온 것이다. 그로부터 고작 4일이 지난 14일에는 하태경 국민의힘 의원이 '알페스 처벌법'을 발의하겠다는 의지를 밝히며 알페스 논란을 입법의 영역으로 끌어당겼다. 문제 제기부터 국회의 답변까지 고작해야 4일이 걸렸다. 유례없는 속도였다.

처음 국민청원이 올라왔을 때만 해도 나는 이 사건이 이렇게까지 시끄러워질 거라고는 상상하지 못했다. 알페스가 욕먹는 거야 하루이틀 일도 아니고, 국민청원에 별 잡스러운 청원이 올라왔다가 아무도 모르게 사라지는 일도 낯설지 않았기 때문이다.

103

트위터에서 나날이 관련 트윗들이 쌓여가도 나는 '그러다 말겠지' 싶었다. 이건 단지 내가 너무 위기감이 없었기 때문만은 아니다. '알페스 처벌'이라는 아이디어는 그 정도로 황당한 것이었다.

이 황당함을 이해하기 위해서는 '알페스'라는 용어의 정확한 정의부터 먼저 알 필요가 있다. 알페스(RPS)란 'Real Person Slash'의 약자로, 실존 인물들을 연애 관계('커플링')로 엮는 행위 자체를 이른다. 〈스타트렉〉 팬덤에서 커플링 표기를 할 때 인물들의 이름 사이에 '슬래시(/)'를 넣었던 것에서 이러한 명칭이 유래되었다고 알려져 있다.

그러니까 알페스라는 용어의 핵심은 두 명의 인물(아마도 공인인)에 대한 '연애적인 상상력'에 있다. 논쟁 초반에 알페스가 '남성 아이돌 동성애물'이라고 수없이 알려지고 쓰였던 것과는 달리, '남성'도 '아이돌'도 '동성애'도 엄밀히 말해서 알페스의 정의와는 상관이 없다(게다가 부정적인 관점에서 알페스를 언급할 때 유독 '남성 동성애'를 강조했던 것에는 매우 동성애혐오적인 함의가 있기도 하다). "알페스 하는 사람을 잡아갈 거라면 〈우리 결혼했어요〉를 즐겼던 전 국민이 다 잡혀가야 한다"는 우스갯소리가 사실 일말의 진실을 포함하고 있는 것은 알페스라는 용어가 이미 그토록 포괄적이기 때문이다.

실제로 알페스는 케이팝 아이돌 팬덤에서만 사용되는 용어도 아니고, 다양한 서브컬처 팬덤 문화에 깊숙이 개입되어 있었다. 영화 팬덤에도, 드라마 팬덤에도, 배우 팬덤에도, 힙합 팬덤에도, 그 어떤 팬덤에도 알페스가 있을 수 있고 실제로 있었다. 처음 '알페스를 처벌하라'는 구호가 터져 나왔을 때, 알페스가 뭔지 아는 사람들의 반응은 분노나 해명보다 의아함이 먼저였다. 상상력을 어떻게 처벌한단 말인가?

최소한 알페스를 국민청원의 내용이 (잘못) 지시하듯이 '케이팝 아이돌을 대상으로 한 구체적인 창작물'에 한정한다 하더라도, 알페스를 디지털 성폭력 사건과 같은 범죄로 정의하는 일에는 여러 곤란함이 따른다. 이는 이미 여러 지면들을 통해서 언급되었는데, 주된 논의들을 간단하게 번호를 매겨 요약할 수도 있다.

1. 팬덤과 연예인 사이에 여타 디지털 성폭력 사건과 같은 권력 관계가 있다고 볼 수 없다.
2. 허구의 창작물이 실제 성착취의 역할을 하거나 그것으로 이어진다고 보기도 어렵다.
3. 그래서 알페스를 디지털 성폭력의 일종으로 보기는 어렵다.
4. 특정 창작물이 지나치게 음란성이 있거나 연예인 당사자가 문제적이라고 판단한다면 개인으로 소송을 걸 수는 있지만, 그

것은 '알페스 전반'을 불법적인 범죄로 정의하는 것과는 전혀 다른 영역의 문제이다.

5. 나아가 이처럼 픽션에 불과한 알페스 창작물을 처벌하는 것은 표현의 자유를 억압하는 일이 될 수 있다.

나는 이 곤란함을 모두 끌어안고 '알페스가 범죄냐 아니냐' 하는 문제를 다시금 논의하고 싶지는 않다. 하다못해 범죄성 여부를 떠나 최소한 알페스가 윤리적인지 아닌지에 대해서도 이야기할 생각이 없다. 이러한 주제는 알페스의 역사와 문화적 토대, 그리고 알페스 문화와 맞물려 발전해온 엔터테인먼트 산업의 역할과 분리해서 이야기할 수 없다. 사실 처음에 '알페스 처벌법'이 제안되었을 때 알페스 향유자들이 '엔터 회사 회장을 먼저 잡아가라'고 주장했던 것은 단지 농담만은 아니었다. 알페스는 아이돌 팬덤 문화의 핵심적인 콘텐츠 요소를 담당하고 있고, 전체적인 '아이돌 산업'과 불가분의 관계를 맺고 있기 때문이다.

내가 굳이 이런 글을 쓰면서 다시 알페스 논의를 끌고 나온 건 알페스에 대해서 이야기하기 위해서가 아니다. 내가 이야기하고 싶은 것은 알페스 처벌법 자체와 그것을 둘러싼 맥락들이다. 논란이 시작되면서 (아이돌) 알페스의 존재를 처음 접한 사람들은 마치 '알페스'라는 전무후무한 사건이 처음으로 발견된 것처럼 호들갑을 떨었지만, 사실 이 문제를 둘러싼 대부분의 논의의 지형은 알페스 향유자들에겐 조금도 새롭지 않은 것들이었다. 한국에서 본격적인 아이돌 산업이 시작된 후로 아이돌을 커플링으로 엮는 놀이 문화는 항상 존재했다. 그리고 그 놀이 문화는 언제나 무시당하고, 폄하되며, 비난받았다. 그 놀이는 범죄가 아니라도 이미 매우 불온한 욕망들의 집합체였다. 그것이 케이팝의 성장에 한 축을 담당하고 있으면서도 동시에 늘 천덕꾸러기 취급을 받아온 건 전혀 놀라운 일이 아니다.

처음 알페스 논쟁이 촉발되었을 때, 내 트위터 타임라인이 대부분 조소와 농담으로 가득했던 것은 아마도 그런 이유였을 것이다. 알페스 향유자들 중에서 누가 알페스를 비난한다고 해서 깜짝 놀라거나, 부끄러워하거나, 새삼 두려움을 느낄 사람은 많지 않다. 여성들을 주축으로 하는 놀이 문화에 한두 마디씩 조언을 얹거나, 평가하거나, 훈계를 하려고 드는 사람들은 항상 있다. 그리고 놀고 있는 사람들은 그런 조언, 평가, 훈계에 정석적으로 반박할 이유가 하나도 없다. 그저 그들을 비웃고 계속 자기들의 놀이를 이어가면 되는 것이다. 이번에도 그렇게 할 수 있었을 것이다.

이 논쟁이 그저 한때의 논쟁으로 흘러가버리지 않고 우리가 감당할 수 없는 어떤 흐름으로 격화되고 있다고 느꼈던 건, '알페스 이용자'를 처벌해달라는 목소리에 실제로 국회가 응답을 했기 때문이다. 그것도 아주 신속하게.

N번방 취재가 시작된 순간부터 국회가 응답한 순간까지 무척 지난한 시간과 과정이 있었지만, 디지털 성폭력의 이면에 가로놓인 시간은 그것이 전부가 아니다. 사실 디지털 성폭력은 본격적인 인터넷 시대가 막을 열면서부터 함께 시작됐고, 인터넷이 일상이 된 세계에서는 항상 일상 어딘가에 도사리고 있었다. 나는 성관계 동영상이 유포되어 고통받는 여성들의 이야기를 어디선가 반복해서 들었고, 그렇게 되지 않도록 조심해야 한다는 말을 들었고, 만화나 소설이나 영화에서 그런 여자들이 복수를 하거나 죽는 모습을 보았다. 그런 일이 있다는 걸 모두 암암리에 알고 있었다. 그리고? 그것은 어쩔 수 없는 일이거나 그냥 인생을 덮친 거대한 불운이었다. 경찰에 신고해봤자 소용이 없다는 걸 모두들 알고 있었다.

그 '불운한 일'들이 '범죄'가 되도록, 가해자가 처벌받도록, 피해자가 적법한 지원과 도움을 받도록, 그리고 일상으로 돌아갈 수 있도록 많은 노력이 있었고 조금씩 디지털 성폭력의 심각성이 인지되고 있다. 마침내 성폭력특별법 내에 디지털 성폭력이 명시되기도 했다. 그 시간의 무게는 내가 미처 헤아릴 수 없다. 알페스는, 바로 그 시간들 이후에 별안간 디지털 성폭력 범죄들의 후발 주자처럼 세상에 등장했다.

알페스 논란의 배경에 N번방으로 위시되는 일련의 디지털 성폭력 사건들이 있었음을 더 이상 부정할 수 없을 것 같다. 알페스 논란이 시작되었던 2021년 1월은 N번방이 마침내 전 국민적인 관심의 대상이 되고, 몇몇 주범들이 체포된 지 고작 몇 달이 지나지 않은 시점이었다. 아동 성착취 영상을 유통한 사이트 '웰컴 투 비디오'의 운영자 손정우의 미국 송환이 불허되면서 석방된 시점으로부터도 그리 멀리 떨어져 있지 않다. 알페스는 그러한 디지털 성폭력의 후발 주자로 기사화되었고 그것의 해악성은 N번방 혹은 딥페이크를 경유해서 설명되었다. 일련의 디지털 성폭력 사건들을 통해 반복해서 뉴스에 등장했던 단어인 '성착취'는 그대로 알페스에 따라붙었다.

알페스를 단순히 여타의 디지털 성폭력과 동치하는 것은 여러 논리적인 오류를 포함하고 있지만, 알페스를 최대한 범죄적인 것으로 구성하기 위한 많은 노력 속에서 그 동치는 손쉽게 반복되었다. 국민청원 제목에 등장한 '알페스 이용자'라는 명명은, 알페스에 대해 문제 제기하는 사람들이 사실상 그것에 대해 거의 아무런 이해가 없음을 보여줌으로써 비웃음의 대상이 되었지만, 어떤 면에서는 꺼림칙한 기분을 준다. 알페스는 일종의 문화이고, 특정한 사이트나 플랫폼과 연관을 맺고 있지 않다. 사람들은 알페스를 향유할 뿐, '이용'할 수는 없다(그래서 나도 필요한 경우 '알페스 향유자'라는 명명을 사용하고 있다). 이용할 수 있는 것은 텔레그램, N번방, 그리고 성착취물이 공유되는 웹사이트 같은 것들이다. 누군가 알페스를 '이용'하고 있다고 말한다면 마치 그가 그런 종류의 디지털 성폭력에 가담하고 있다는 인상을 주게 된다.

애초에, 나는 왜 하필이면 알페스가 이 모든 논쟁의 중심이 되었는지에 대한 의문이 있다. 많은 사람들이 알페스가 뭔지도 잘 모르면서 그 말을 사용한 바람에 알페스 논의는 자주 지지부진한 개념 설명에서부터 시작한다(사실 이 글도 그렇다). 엄밀히 말해서, 알페스라는 용어는 남성 동성애 소설을 쓰는 여자들을 감방에 보내기 위한 기획으로서는 비교적 부적절하다. 내 생각엔 남성 아이돌 동성애 소설을 지칭하는 더욱 명확한 용어는 '(아이돌) 팬픽'이다. 심지어 '팬픽'은 〈응답하라 1997〉에서 주인공 성시원을 대학에 보내줬기 때문에 조금 더 대중적으로 알려져 있기도 하다.

하지만 이 모든 논란은 계속 알페스에 접착되어 있었다. 이것은 처음 알페스에 문제를 제기했던 래퍼의 언설을 그대로 끌어안은 것일지도 모르지만, 동시에 'Real Person'이라는 요소가 구성할 수 있는 범죄성, 그리고 그것이 야기하게 될 어떤 불안과 공포를 끌어안은 결과일지도 모른다. 어쨌든 알페스는 너무 낯선 말이고, 텔레그램, 딥페이크, 리얼돌, N번방 같은 말들도 한때는 다 이상하고 낯선 말들이었다.

그러니까 알페스를 둘러싼 이 논쟁들에는 어떤 보복의 기획이 있다. 알페스를 발굴하고 처벌 가능한 것으로 만들고자 했던 의지에는 분노와 복수심이 있다. 여자들이 문제를 제기했기 때문에 자신들의 영역을 빼앗겼다는 분노. 상대의 영역도 뺏어오고자 하는 복수심. 나는 국민청원에 동의한 21만 명 전부의 내심을 알고 있다고 말하려는 것은 아니다. 다만 그 기획의 시작에 그런 의지가 분명 존재했다는 사실만은 부정할 수 없다.

실제로 알페스 논란이 한창이던 시기에 '알페스 기록을 지워준다'는 명분으로 오픈 카카오톡 채팅방을 열어서, 상담을 요청해오는 청소년 팬에게 협박을 시도하는 사건들이 있었다. 알페스가 처벌 가능한 것이 되었을 때, 대상 여성들은 일종의 '고발 가능성'에 지배당하는 존재가 된다. 적어도 그럴 것이라고 상상된다. 이 협박과 포박은 우리가 이미 N번방 사건의 내막에서 익히 지켜봐온 것이다. 알페스 처벌은 젠더 권력을 회복하려는 기획의 일부였다.

알페스 처벌법이 문제적인 것은 그런 기획을 국회 차원에서 끌어안았기 때문이다. 국회는 '여성'들의 문화에도 (마치 남성들에게 그랬던 것처럼) 제재가 가해져야 한다는 요구에 응답하면서, 디지털 성폭력의 지난한 역사를 일종의 영역 싸움에 불과한 것으로 격하시켰다. 알페스 처벌법은 그 모욕의 증거다. 그러므로 알페스 처벌법은 단순히 특정 알페스 창작자를 처벌하는 법에 그치지 않는다. 그 처벌의 이면에는 백래시의 의지가 있고, 또 그 의지를 긍정하는 정치가 있다.

내가 알페스 처벌법이라는 황당한 사태를 마주했을 때 기묘한 무력감을 느꼈던 것은 그런 이유였다. 그건 어떤 목소리는 다른 목소리들보다 훨씬 잘 들린다는 것에서 오는 무력감이기도 했지만, 힘겹게 쟁취해온 결과들이 너무 쉽게 칼이 되어 돌아온다는 것에서 오는 무력감이기도 했다. 하지만 그런 상황에서도 알페스 처벌법이 어떻게 문제적인 것인지 설명해준 많은 사람들의 말이 있었다. 나는 그 말들을 보면서 내 말이 대변되는 감각을 느낄 수 있었다. 이 또한 오랫동안 끈질기게 노력해온 사람들의 덕분일 것이다. 내가 기억하고 싶은 것은 바로 그런 말들이다.

총여학생회를 폐지시킨 권력

└ 노서영

2018년 10월 16일이었다. 나와 친구들이 기를 쓰고 막으려던 총여학생회 폐지 총투표가 연장에 연장을 거듭해 마침내 가결된 다음 날, "총여학생회 폐지 총투표가 진행 중입니다. 학우분들의 소중한 한 표 행사하고 가세요" 메아리치던 투표 독려 음성은 온데간데없고 다들 아무 일도 없었다는 듯 시험 준비로 분주했다. '어떻게 그럴 수가 있지?' 밀린 과제물을 떠안고 인문관 계단을 오르는데 내가 지켜내지 못한 것의 크기만 한 구멍이 폐에 뚫린 것처럼 찬바람이 불 때마다 속이 시렸다. 총여학생회 폐지 반대 운동을 할 때 신고 누적으로 계정이 정지돼서 에브리타임*에 올라온 욕설들을 직접 보지 못하게

• 2021년 10월 기준 400여 개 학교에 520만 명의 회원을 보유한 국내 최대 규모의 대학 온라인 익명 커뮤니티. 시간표 기능을 제공하는 애플리케이션에 재학생 인증을 통해 접근할 수 있는 학교별 게시판이 운영되고 있다.

113

된 건 오히려 다행이었다. 졌지만 잘 싸웠다고 서로를 격려하고 계속 함께하자고 다짐했지만 50일간의 폭풍우가 지나간 자리에 남은 고요함이란 도무지 적응되지 않는 것이었다. 나는 재학 중이던 대학의 마지막 총여학생회 입후보 희망자였다.

우리가 피운 첫 번째 소란은 학생회관 앞에서 '회칙에 따라 총여학생회 선거를 시행하라'고 요구하는 기자회견이었다. 2018년은 새 학기 첫날부터, 대학원 내 성폭력 피해를 고발했다는 이유로 교수 재임용 심사에서 탈락한 전(前) 교수님이 피켓을 들었던 미투 운동의 해였다. 해당 대학원장이 여러 사람에게 반복적으로 성추행과 성희롱을 가했고 피해자들은 학내 인권센터에 신고했지만, 사건 조사 과정에서부터 가해자와 가까운 이들이 배제되지 않고 접수된 신고에 대한 비밀 유지조차 이루어지지 않았다. 전 교수님은 복직과 산재 인정을 요구하며 싸워야 했다.

학교 당국이 아무런 책임을 지지 않는 동안 총학생회도 아무것도 하지 않겠다는 입장을 당당히 밝혔다. 당시 1심 재판에서 전 교수님이 승소한 상황이었는데도 사실관계가 덜 파악되어 움직일 수 없다는 2차 가해성 발언을 하는 단과대 학생회장도 있었다(2018년부터 2021년까지 총 6건의 재판에서 피해 교수님은 모두 승소했다). 거기에 항의하고 그들을 설득해보기도 하는 과정에서 나는 우리 학교야말로 총여학생회가 부활해야 하는 곳이라고 확신

했고, 총여학생회가 활동을 멈춘 기간 동안 문과대 여학생위원회에서 보관해온 총여학생회 회칙을 찾아 총학생회 측에 넘기며 선거가 열릴 수 있게 조치해달라고 요청했다.

총학생회장은 총여학생회가 아직 학생회칙상 남아 있고 입후보 희망자가 나타났으니 선거를 실시할 수 있을 것 같다고 했다. 학내 성폭력 문제에 대한 관심과 해결 의지는 부족해도 상식적인 대화는 가능한 총학생회라 다행이라고 생각했다. 하지만 착각이었다. 두 달 뒤 그는 단과대학 학생회장들이 모이는 공식 회의에서 총여학생회 회칙에 오래된 표현이 많아 개정을 해야만 선거를 실시할 수 있다고 말을 바꾸었다. 개정을 꼭 해야 한다면 선거를 언제 실시할 수 있는지 질의하자 확답을 줄 수 없다고 했다. 심지어 회칙 진본이 맞는지 의심스럽다며 정당성이 떨어진다고도 했다. 자신들은 선출직 임원이고 우리는 페미니스트 참관인이라는 이유로 추가 질의를 막고 회칙도 모르는 무지한 사람 취급을 했다. 회칙을 제대로 이해하고 있다면 할 수 없는 행동들이었다. 역대 총여학생회에서 활동했던 졸업생분들과 운 좋게 연락이 닿은 덕에 문과대 여학생위원회에 남아 있던 총여학생회 회칙이 총학생회가 유실한 진본과 같다는 성명서를 받아 와 제출했지만 소용없었다. 몇 년 전 공실이 된 총여학생회실을 남학생휴게실로 용도변경하면서 과거 자료들을 대부분 유실한 것에 일말의 부끄러움도 느끼지 않는 그들이었다.

그날 이후 하루도 빼놓지 않고 소란을 피웠다. SNS에서, 언론 시민투고란에서, 경영관 앞에서, 강의실에서, 중앙대자보판에서, 교수님께 보내는 메일 창에서, 회의장에서, 총여학생회의 필요성과 총학생회의 부당한 방해에 대해 선언하고 증명하고 호소했다. 총여학생회칙에 제기된 모든 문제에 대해 팩트를 체크하는 소명 자료를 제출했지만 이미 우리의 이야기를 들을 생각이 없었던 학생회장들과는 말이 통하지 않았다. 이내 언성이 높아지자 "정숙하라", "젠틀하게 하라"는 말로 통제했는데, 그들에 의해 '정숙'하지 못하고 '신사'답지 못한 불청객이 되니 두 가지 생각이 들었다. 여성혐오를 하는 줄도 모르고 여성혐오를 하는구나. 그리고 '폭력 시위' 프레임은 이렇게 만들어지는 거구나.

합리적이고 이성적인 대화에 제대로 참여하지 않으면서, 상대를 폭력적이고 감정적인 존재로 만듦으로써 합리와 이성의 자리를 꿰차는 식이었다. 권력을 가진 자만이 '신사'다울 수 있고 '정숙'을 요구할 수 있다는 것을 알까. 학생회원으로서 학생자치기구의 회칙에 따라 선거를 실시해달라는 정당한 요구를 했을 뿐인 학내 페미니스트들은 에브리타임에서 신상이 털려 생중계로 조리돌림을 당하고, 수업 시간에 이름이 불리면 비웃음을 들었다. 이맘때쯤엔 이런 종류의 외로운 비참함을 느낀 적 있거나 느끼고 있을, 세상의 수많은 사람들을 자주 떠올렸다. 그리고 우리가 단지 몇 명의 20대 남성들이 아니라 아주 거대한 힘에 맞서고 있다는 걸 점점 실감했다.

총여학생회 회칙 개정 안건을 최종적으로 다루는 전체학생대표자회의 당일, 글로벌리더학부(구 법학대학) 학생회장단과 경영대 학생회장이 난데없이 총여학생회 폐지 총투표를 위한 학생대표자 서명을 받기 시작했다. 우리가 한 달간 요구해온 끝에 당해 안에 정당성 있는 총여학생회 선거를 시행하기 위해 회칙 개정을 책임지고 해내겠다고 약속했던 그들은 '개인 자격'으로 폐지 총투표 발의자를 모으는 것뿐이라고 둘러댔다. 단 60명의 발의만으로 총투표가 발의될 수 있는 건 그들이 학생대표자일 때뿐인데, 엄청난 유체이탈 화법이었다. 그들은 자아를 반으로 갈라, 한쪽으로는 공식 회의에서 선거 시행을 약속했고 다른 쪽으로는 선거가 열리기 전에 기구를 폐지시키자는 총투표를 밀어붙였다. 여기에 서명한 60명의 학생대표자 명단은 총학생회가 비밀에 부쳤고, 우리는 대표자가 나를 대신하여 어떤 정치적 결정을 했는지 알 길도 없이 총여학생회 폐지 총투표로 떠밀렸다. 80년대 학번부터 역대 총학생회와 총여학생회 졸업생들의 반대 성명과 재학생들의 보이콧 연서명을 모아 기자회견, 야외 토론회, 집회를 줄줄이 열었지만 총투표는 시행되고 말았다. 결과는 투표율 52.39퍼센트에 찬성 83.04퍼센트로 가결이었다.

'멘토스 혁명'. 에브리타임에선 우리 학교 총여학생회 폐지 사건을 이렇게 불렀다. 총학생회에서 투표 독려를 위해 멘토스라는 이름의 사탕을 나눠 주어서 붙은 이름이었다. 총여학생회 사업에 드는 예산은 아깝고, 폐지 총투표에 드는 막대한 비용은 괜찮았던 불합리한 장면들이 지나간다. 대체 무엇이 그렇게 혁명적이었던 걸까? 학내 정치의 장에 진입해 공적인 지위를 획득하고자 했던 페미니스트 세력에게 조금의 권력도 허락하지 않은 것? 총여학생회가 폐지되기 전에도 학내 페미니스트들의 권한은 없다시피 했기 때문에 근본적으로 바뀐 것은 없었다. 오히려 보수적이고 젠더감수성 없는 학교와 학생 사회에 총체적이고 급진적인 변화를 요구한 건 총여학생회 재건을 요구하는 측이었다. 그저 투표가 곧 민주주의라고 여겨지는, 형식적 민주주의만 완수된 세상에서는 성공한 백래시가 '혁명'이 되는 법이었다.

많은 사람들은 곧바로 이어진 다른 대학들의 총여학생회 폐지 흐름에서도 투표에 이르는 과정에서의 민주성보다는 투표의 결과가 담보하는 민주성에 집중했다. 그리고 총여학생회라는 형태가 낡아서 유권자들의 선택을 받지 못해 역사 속으로 사라지고 있다고 분석했다. 하지만 정말 그 역할을 다해 자연스럽게 소멸되는 것이었다면 '혁명'이라는 말까지 동원될 필요가 있었을까.

'총여 함락 기념'으로 '야동'이나 보자며 축배를 드는 같은 학교 학생들의 에브리타임 게시물은 어떻게 받아들여야 할까.

그로부터 3년이 지난 2021년 가을, 중앙대학교 서울캠퍼스 총학생회 산하의 성평등위원회가 폐지되었다. 경희대학교 서울캠퍼스 총여학생회가 총투표로 해산한 지 약 열흘 만이었다. 에브리타임에서 성평등위원회 폐지안을 발의하기 위해 서명을 모은 익명의 대표 발의자가 밝힌 폐지 사유는 '경희대학교도 총여학생회를 폐지시켰으니까', '성평등위원회가 페미니즘을 기반으로 활동하니까'였다. 2018년 우리 학교에서 총여학생회를 폐지시킬 때와 마찬가지로 정작 회의장에서 폐지 찬성 토론자로 나서는 사람은 없었다. 성평등위원회의 존폐를 논의하면서 성평등위원장의 신상 발언마저 부결시킨 중앙대학교 학생회장들은 '대안기구의 대안기구' 설치 안건도 부결시켰다.

총여학생회든 성평등위원회든 기구의 형태는 중요하지 않았다. 폐지 찬성 측은 두려워서가 아니라 그럴 필요가 없었기 때문에 회의에 참석하지도, 찬성 토론에 임하지도 않았다. 그저 절차적으로 폐지하는 것이 가능했기 때문에 폐지시킨 것이다. 폐지시키고 싶은 것을 폐지시킬 힘, 투표와 숫자 뒤에 숨어도 되는 권력이 있었기 때문에 그렇게 했다.

언제나 질문은 페미니스트들에게 쏟아졌다. 나는 마치 변명하는 죄인처럼, 왜 총여학생회가 필요한지, 왜 폐지되었다고 생각하는지 이 모순적으로 연속된 질문들에 대답했다. 백래시라고 힘주어 말해도 온라인 남초 커뮤니티의 댓글이나 익명의 남학생 인터뷰와 함께 '폭발하는 20대 젠더 갈등' 정도로 보도되는 일이 잦았지만 말이다. 그리고 결심했다. 이 질문들을 모조리 돌려줘야겠다고. 이런 일이 다시 발생하면 그땐 공익 목적의 기구를 폐지할 권력을 가진 사람에게서 폐지의 근거와 목적, 의도를 상세하게 들을 수 있는 세상을 만들겠다고. 권력을 가지고 사용하는 사람에게 책임을 묻고 다음을 약속받을 수 있는 세상을.

이제는 졸업했지만 총여학생회 폐지는 나에게 너무 커다란 사건이었고 그렇기에 아직도 가장 객관화하기 어려운 주제다. 멀리서 연대해주었던 친구와 동료들의 학교에서는 여전히 현재 진행 중이고, 2022년 대통령 선거 공약으로 여성가족부 폐지가 언급되는 한국 사회에서는 쉽게 끝나지 않을 일이기도 하다. 그래서 주춤거리더라도 계속 말하게 된다.

지난 2년간 여성가족부 산하의 디지털성범죄피해자지원센터가 지원한 피해 건수는 30만 건이 넘는다. 지원하지 못한 피해 사례까지 더하면 그 수는 더 많을 것이다. 그에 반해 여성가족부 예산은 정부 예산의 0.2퍼센트에 불과하며 각 부처의 성인지 예산이 보도 개선, 한국농수산대학 교육 등 무관한 사업에 쓰이고 있다. "빈약한 부서를 가지고 그냥 캠페인 정도 하는 역할로 전락해버렸다", "그렇게 해서는 여성에 대한 차별이나 불평등 문제가 있다고 해도 잘 해결되지 않을 것"이라며 비난했던 이준석 대표와 "여성가족부 장관은 정치인이나 대선 캠프 인사에게 전리품으로 주는 자리"라고 폄하했던 유승민 전 의원에게 이렇게 묻고 싶다. 디지털 성범죄 피해 지원이 제1야당에게는 '그냥 캠페인'이고 그런 일을 총괄하는 여성가족부 장관이 정말 '전리품'에 불과하다고 생각하는 것인지, 부서가 힘이 없어서 차별과 불평등 문제 해결에 부진하다면 강화가 아니라 폐지를 공약하는 것이 그들이 생각하는 정치인지 말이다. 이대남 눈치를 보며 여성가족부 개편과 폐지를 공약한 거대 양당의 두 대선 후보도 마찬가지다. 당신들의 정의에 젠더 정의는 없다는 말을 빙빙 돌려서 하지 말고, 제대로 할 게 아니라면 선심성 여성 공약 정도로 이대녀의 표까지 탐내지 마시라.

또 아무리 모르는 분야라고 해도, 다른 부처와 마찬가지로 여성가족부에 의해 겨우 최소한의 권리를 보장받을 수 있었던 국민들의 삶을 간과하지 않기를 바란다. 적어도 2022년의 대통령 후보라면 예산은 턱없이 부족한데 점점 중대한 일을 처리하게 되는 여성가족부의 실태, 그리고 한국의 성차별적 현실을 직시해야 한다.

덧붙이자면 총여학생회든 여성가족부든 성폭력 사건을 예방하고 전담하기 위해서만 존재하는 것이 아님을 분명히 해두고 싶다. 궁극적으로 성평등한 사회를 조성하기 위해서는 더 많은 권한과 예산이 주어져야 한다. 성평등기구 폐지는 하나의 대학 안에서, 혹은 여러 대학사회에 걸쳐 일어나는 사건이지만 폐지 전후로 백래시는 전 사회적으로 심화되었다. 그리고 우리 사회는 이를 '20대 젠더 갈등'이 아닌 심각한 사회적 문제로 해석하고 합의해나가는 데 실패해왔다. 더 늦기 전에 이러한 기성의 가부장적 성별권력을 해체하고 재구성해야 한다. "페미니즘이 싫어!", "페미니즘은 복잡해!"라는 순간적 감정을 넘어 페미니즘이라는 단어 없이도 모두가 존중받으며 공존하는 세상을 '이성적으로' 원한다면, 페미니즘에도 권력을 쥐여주자.

국가가 차별을 차별이라 말할 때

└ 노서영

'김치녀(된장녀와 비슷한 의미 또는 개념 없는 한국 여자)', '보전깨(보×에 전구 넣고 깨버린다)', '삼일한(여자와 북어는 삼일에 한 번씩 패야 맛이 좋아진다)', '피싸개(생리하는 여자)', '김여사(운전을 잘 못한다는 의미의 여성 운전자)' 같은 여성혐오 표현들이 처음 남초 커뮤니티인 일간베스트를 필두로 사용되기 시작했을 땐 너도나도 경악하며 10~20대 남성의 보수화를 우려했다. 그들은 여성을 혐오할 뿐 아니라 호남 지역과 세월호 참사 유가족들도 모독했다. 사람을 성기로 치환하고 비하하는 문화가 갑자기 생겨난 것은 아니었지만 분명 보수적인 정권 아래에서 저급한 인터넷 은어들이 공적 공간으로 흘러나오던 때였다.

2015년 그들을 미러링한 여초 커뮤니티 메갈리아가 탄생했다. 국내 최초 메르스 확진자가 여성이라는 이유로 남초 커뮤니티 디시인사이드에서 여성이 맹비난받던 중 실제 첫 확진자가 남성이었음이 밝혀지면서 메르스 갤러리(게시판)에 여성 유저들의 역공이 시작된 것이었다. 혐오를 그대로 반사하는 미러링 전략의 한계는 명확했지만 그럼에도 불구하고 2016년 페미니즘 리부트 현상과 함께 수많은 20~30대 여성은 메갈리아가 남긴 문화 속에서 페미니스트가 되었다. 메갈리아의 방식은 여성을 향하던 조롱과 멸시를 그대로 뒤집어 남성에게 돌려주고 여성을 대상화해 숭배하거나 비하하는 행위들이 여성혐오임을 고발하는 것이었다. 남성 유저들은 '여자가 이럴 리 없다'며 '메갈리안'들의 성별을 의심하고 당황하다가 점차 미러링을 미러링하는 전략을 취했고 '남성혐오'라는 말을 만들어 대응하기 시작했다.

대학 강의실과 과방, 동아리실의 공기도 달라졌다. 대학에도 불었던 '페미니즘 붐'은 한 학교 안에서도 여러 페미니즘 모임을 만들어냈다. '성과 사랑의 문학', '페미니즘 철학', '페미니즘과 현대문화' 같은 수업들이 부활했고 학내 성폭력 사건에 대응하고 성평등한 문화를 조성하기 위한 자치규약이 속속 제·개정되었다. 반성폭력 교육을 필수화하려는 움직임도 생겨났다. 페미니즘은 숨겨야 하거나 과격한 것이 아니라 필수적이고 세련된 무언가처럼 여겨졌다. 하지만 그건 아주 잠깐이었다. 페미니스트들은 남성혐오를 하는 집단이며 페미니즘 교육을 강제하는 것은 문제적이라는 주장에 힘이 실렸다. 이맘때 수강했던 '시민사회와 시민운동'이라는 교양 수업에서 두 남성은 나란히 단상에 나와 이렇게 말하기도 했다. "일베와 메갈은 똑같이 유해합니다." 그로부터 몇 년이 더 흐른 2022년, 여남공학 대학에 남아 있는 페미니즘 모임은 소수뿐이다. 신입생 사이에서 페미니즘은 그 어떤 사안보다 논쟁적이고 정치적으로 여겨져 그 누구도 입 밖에 꺼낼 수 없는 볼드모트가 되었다.

남성혐오는 있지만 없는 것이었다. 기존의 여성혐오를 미러링한 글 속에서 남성을 의도적으로 조롱하고 멸시하는 표현들은 발견되지만 남성혐오는 성립할 수 없는 개념이기 때문이다. 이 설명은 페미니스트가 되어야겠다고 결심한 후로 백 번째 한다. 여성혐오(misogyny)의 '혐오'는 그저 싫어한다는 의미가 아니라 사회적 권력의 격차로 인해 차별적인 태도로 대한다는 뜻이 내포돼 있다. 그래서 뭇 남성들이 두려워하듯 가부장제에서 그대로 성별만 뒤바뀐 '여성 상위 시대'나 '여성 우월주의 시대'가 오지 않는 한 남성혐오는 있을 수 없다(역설적으로 가모장제를 그토록 두려워하는 데서 현존하는 가부장제의 문제가 결코 작지 않다는 게 증명된다). 수많은 통계가 지금이 여성상위시대가 아님을 뒷받침한다. 이와 유사하게 백인 혐오나 성인 혐오도 불가능하다. 흑인을 친근하게 부른다는 명목의 '흑형'이란 표현은 있지만 '백형' 같은 말은 칭찬으로도 잘 쓰지 않는다. '노키즈존'은 있어도 '노아재존'은 없다.

2017년에 폐쇄된 메갈리아 역시 이러한 소수자 혐오의 혐의로부터 자유롭지 않지만 일간베스트와 메갈리아의 구도가 각각 여성혐오와 남성혐오의 대등한 축으로 굳어진 것은 부당했다. 그러한 인식 때문에 혐오 표현 문제는 경찰서에서 '젊은 애들' 간의 '악플 문화'로 다뤄졌고 법정까지 가더라도 사회적 해악의 측면이 아닌 개인의 개인에 대한 비방으로 축소되었으며, 정치와 언론에서는 '젠더 갈등'이 되고 말았다. 만약 그때 힘 있는 정치인 중 한 명이라도 일간베스트와 메갈리아가 다르다고 얘기할 수 있었다면, 두 커뮤니티가 완전히 다르다는 걸 인정하는 데서 이야기를 시작할 수 있었다면, 차별과 혐오의 명확한 기준을 세울 수 있었다면 상황이 달라지지 않았을까. 그래서 이쪽도 저쪽도 극단적인 인터넷 집단이라며 혀를 끌끌 차지 않고 모두가 이 사회문제에 골몰했다면 막을 수 있었을 죽음들에 대해 생각해본다.

혐오 표현은 기본적으로 위계가 전제된 상황에서 쓰인다는 점과 그것이 해당 개인·집단에 대한 기존의 차별과 편견을 강화한다는 점에서 문제적이다. 이런 점 때문에 혐오 표현을 접한 사람은 모욕감을 느끼지만 드러내기 어렵고 심리적 불안과 우울감, 두려움에 휩싸인다. 특히 "○○들은 너희 나라로 돌아가라!"와 같이 사회적 소수자의 존재를 부정하는 선동형 혐오 표현은 개인과 사회에 커다란 해악을 입히지만, 그것이 잘못이라고 말하거나 책임을 묻는 건 일부 사람들과 그들이 진정을 넣어 발표되는 국가인권위원회의 입장이 전부다. 국가인권위원회는 혐오 표현과 그 해악을 규정하고 있지만 법적 구속력이 없다. 또, 국가기관이지만 국가인권위원회의 입장이 국가의 입장은 아니다. 다시 말해 한국은 혐오와 차별에 대해 제대로 입장을 표명한 적이 없다.

그래서 주로 개인과 개인 사이의 사건을 다루는 법으로는 '페미를 척결'하기 위해 페미니즘 관련 집회에 찾아와 염산을 뿌리겠다고 위협하는 댓글을 쓴 사람을 처벌할 수 없다. 특정성과 모욕성이 성립되기 어렵기 때문이다. 2018년 인천 퀴어문화축제 당시 행사 참가자들 앞에서 폭력적인 언행을 퍼붓던 기독교 단체의 대표도 1심에서 불기소 처분을 받았다. 법적 한계만 있는 게 아니다. 대부분의 차별과 폭력 기저에 깔린 혐오를 인정하지 않으니 성폭력의 원인을 우리 사회에 만연한 성차별과 젠더 위계가 아니라 각 사건 속 악질적인 가해자 한 명으로 좁혀버리게 된다. 가해자에 대한 응당한 처벌마저 이루어지지 않아 매번 가해자 엄벌을 위해 서명을 20만 명이나 모아야 하는 것도 문제지만 미투 운동 이후에도 '펜스룰(Pence Rule)'* 이상의 사회적 합의를 만들어내지 못한 것이 더 근본적인 문제인 것이다.

에브리타임에서 페미니스트라는 이유로 신상이 털린 지 2년

쯤 지나서야 해외 대학의 사례를 찾아보게 됐다. 당시에는 학내 인권센터에 신고할 생각도 하지 못했다. 이미 수많은 사람들이 신고해도 아무것도 해줄 수 없다는 답변만 돌아온다는 간증을 해준 뒤였기 때문이다. 인권센터가 있는 대학 자체도 많지 않은 데 있어도 예산과 인력, 권한이 늘 부족한 곳이 태반이었다. 그런 데 차별금지법이 제정된 나라의 대학들엔 차별 금지나 평등 원칙을 명시해둔 학칙·가이드라인이 존재했다. 실제로 얼마나 잘 작동하고 있는지 확인하기는 어려웠지만 학교 홈페이지에서부터 익명으로 손쉽게 피해 사실을 접수할 수 있고 사건의 당사자 또는 주변인으로서 할 수 있는 일들이 적힌 문서를 받을 수 있도록 되어 있었다. 다원화된 현대 사회를 함께 살아감에 있어 구성원들의 안전을 보장하기 위한 최소한의 장치이자 그 중요성에 공동체가 합의한다는 의미였다.

언젠가부터 차별금지법이, 에브리타임에 나를 고소했다며 인

● 2002년 마이크 펜스 미국 부통령이 인터뷰에서 "아내 없이 여자와는 절대로 단둘이 식사하거나 술자리에 가지 않는다"고 말한 데서 유래한 용어로, 자신에게 불리한 스캔들을 차단하기 위해 여성을 배제하는 방식을 의미한다. 다양한 성별이 공존할 수 있는 사회로 나아감에 있어 펜스룰은 성범죄가 아니라 여성을 위험 요소이자 두려움으로 인식하게 만든다는 점에서 문제적이다. 국내에서는 2018년 미투 운동이 일었을 때 회자되었으며, 2020년 고(故) 박원순 전 서울시장의 성추행 사건 직후에는 한 기사에 전북 김제시청 비서실에서 펜스룰을 적용해 여성 직원을 채용하지 않았던 것이 모범 사례로 보도되었다가 삭제된 바 있다.

증하고 조롱하던 글을 올린 이를 처벌해주지는 않지만 적어도 그게 창피하고 공익에 반하는 일이라는 걸 그 스스로 느끼게 해줄 법으로서 꼭 필요하다고 믿게 되었다. 차별금지법에 반대하는 사람들은 그 근거로 '동성애 반대'나 '트랜스젠더 반대', 표현의 자유 침해를 든다. 동성애나 트랜스젠더는 이미 존재하고 있기 때문에 반대가 불가능하고, 표현의 자유에 관해서는 우선 국내 발의되어 있는 모든 차별금지법이 광고와 같은 공적 영역의 표현만 다루기 때문에 무관하다(개인적으로는 혐오 표현에 대해서도 선언적 차원의 별도 입법이 필요하다고 생각한다). 한편, 이와 다른 맥락에서 차별금지법 제정에 우려의 목소리를 더하는 이들도 있다. 여성만 처벌할 것이라는 의혹은, '김치녀'는 웃어넘기면서 '한남충'은 처벌하는 사법기관과 틈만 나면 여성 할당제를 폐지하려 드는 정치권에 대한 오랜 불신이 차별금지법에 옮아붙은 것이라 가장 씁쓸한데 이 역시 사실과 다르다.

지금껏 발의된 차별금지법안상 "현존하는 차별을 해소하기 위하여 특정한 개인이나 집단을 잠정적으로 우대하는 경우와 이를 내용으로 하는 법령을 제정·개정하거나 정책을 수립·집행하는 경우"는 차별로 보지 않기 때문에 오히려 사회에 만연한 성차별과 '역차별' 주장에도 힘 있게 맞설 수 있다. 또, 실제 차별금지법안 내용의 대부분은 국가 및 지방자치단체의 차별 시정 의무와 예방조치, 차별의 구제와 관련되어 있어서 여기에 '동일임금 동일노동', '채용 성차별', '인권/젠더 필수교육', '포괄적 성교육', '대학 인권센터 강화'와 같은 수많은 페미니즘의 의제들이 포함되고 또 확장될 수 있다.

그런데 180석을 가져 '슈퍼 여당'이라 불리는 더불어민주당과 국회는 사회적 합의가 부족하다는 10년 묵은 핑계를 대며 차별금지법 제정을 미루고 있다. 차별금지법 제정을 요구하는 국회 국민동의청원이 10만 명을 달성했으니 법제사법위원회에서 논의를 시작해야 마땅함에도 심사를 제21대 국회 마지막 날로 연장했다. 그래놓고 '안 하겠다는 건 아니지 않느냐'고 한다.

제20대 대통령 선거 양당 후보들 역시 꼭 닮은 태도를 견지하고 있다. 윤석열 후보는 국민의 상위 1.7퍼센트만 내는 종합부동산세 폐지가 아무리 소수를 위한 공약이어도 검토가 필요하다고 해놓고 차별금지법은 "차별금지법이 시행되면 기업의 선택의 자유가 제한돼 일자리가 사라진다"며 사실상 반대했다. 그는 이미 법안에 명시되어 있는 '차별의 기준'이 모호하다며 문제 삼았다. "단 한 명의 국민이라도 정부의 정책 실패 때문에 부당한 일을 겪으면 정부는 그런 일을 막아야 하는 것"이라는 그의 논리는 차별금지법이 아니라 종합부동산세 폐지 공약에만 통했다. 그에겐 어떤 국민의 문제인지가 핵심이었다. 상위 1.7퍼센트와 다양한 사유로 공적 영역에서 차별받는 사람들 중 전자만을 국민으로 인정한 셈이다.

이재명 후보는 "차별금지법은 반드시 필요하고 해야 할 일"이지만 "일방통행 강행처리 방식으로 갈등을 극화하는 방식보다는 시간이 좀 걸리더라도 충분히 논의해야 한다"며 발을 뺐다. 이렇게 오랜 기간 수많은 시민사회 단체들의 노력으로 충분히 논의되는 동안 법적인 진전만 더딘 법안이 거의 없다는 진실은 또 감춰졌다. 이 발언이 있고 며칠 뒤, 더불어민주당 정책위원회는 국회에서 열리는 '평등법 토론회'에 차별금지법 제정 찬성 측과 반대 측을 동수로 섭외하기까지 했다. "차별금지법에 대한 논의를 더 이상 미룰 수 없다"는 취지로 기획된 토론회였음에도, 동성애를 치료해야 하는 질병이라고 주장하며 성소수자에 대한 차별과 혐오를 선동해온 인사들을 다수 섭외해놓고 찬반을 논하라는 것이었다. 토론은 찬성과 반대 의견을 한곳에 모아 싸움을 붙이는 데서 끝나는 게 아니라 더 나은 결과를 도출하기 위해 서로에 대한 존중과 인정, 그리고 합리적인 대화가 가능하도록 하는 전제조건이 바탕이 되었을 때 시작될 수 있는 것 아닌가. 나란히 세워두기만 하면 공정이고 평등이라고 믿는 여당의 정치는 청년 선거대책위원회 산하 조직에서도 새어나왔다. '남혐·여혐 둘 다 싫어위원회'를 설치한 것이다. 이대남과 이대녀를 가르지 않고 소외된 청년들을 위한 선거로 만들기 위해 고안된 것이라고 하지만 결국 '남혐'도 여혐과 똑같이 나쁘다는 위로가 듣고 싶은 이대남을 위한 명명일 뿐이었다. 이미 청년이란 말 속에 이대녀는 소외되어 왔다는 것은 두말할 필요도 없다.

'차별에 반대하지만 차별금지법은 시기상조'라는, 이른바 '나중에' 정치는 결국 그 필요성엔 동의해도 자신의 당선 또는 재선을 위해서는 차별주의자들의 표가 더 필요하다는 소리로 풀이된다. 그런데 당선되고 재선돼도 도무지 약속을 지키지 않으니까 이젠 대체 무엇을 위한 당선이고 재선인지 되묻게 된다. 그 '나중에'는 오긴 오는 걸까? 아무것도 하지 않아 놓고 "다했죠?"*라니. 얼마나 더 많은 사람들이 평등에 대한 공적 선언의 부재로 일상에서 차별을 경험하고 구제조차 받지 못해야 국회와 청와대는 움직일까. 더 나은 삶과 상식적인 사회를 바라는 사람들이 모조리 이 땅을 떠나버릴까 봐 겁이 난다. 최소한의 공적 선언조차 포기하는 국가에서 무엇이 살아남을지 걱정된다.

국가가 차별을 차별이라고 말할 때, 모든 개인이 차별을 명확하게 인지하고 시정하고 차별에 저항함으로써 비로소 더 나은 사

---

* 2021년 12월 이재명 후보는 차별금지법 제정 시위를 벌이던 사람들로부터 '제정에 사회적 합의가 필요하다'는 후보의 앞선 발언을 사과하라는 항의를 받자, 웃으며 "다했죠?" 라고 말해 논란이 되었다. 논란이 계속되자 이후 이에 대해 사과를 했다.

회로 나아갈 수 있다고 아직 믿는다. 국가가 말하지 않으면, 우리는 어쩌면 '피해자이기 때문에 가해자가 되는' 악순환의 고리**에서 벗어나기 어려울지 모른다. 사회적 합의를 이루라고 뽑아놓은 정치인들이 사회적 합의를 핑계로 쭈뼛거리지 말고 제 몫의 일을 하길 바란다. 그리고 정치인으로서 진정으로 두려워해야 하는 것은 돈 많은 국민이 아니라 더 이상 희망을 갖지 않는 국민임을 잊지 않았으면 좋겠다.

** 일본의 반전·평화 운동가 오다 마코토는 '피해자=가해자'론을 들어, 국가권력에 의한 가해가 또 다른 피해를 낳게 되는 악순환의 고리를 끊어야 한다고 말했다. 여기서는 피해와 가해가 반복되고 중첩되는 현실에서 국가의 역할을 강조하기 위해 사용했다.

이대녀를 위한 언론은 없다

└ 로라

　요즘 세상엔 정보가 정말로 많다. 나는 하루의 절반 이상을 계속 어딘가에 접속해 크고 작은 정보들을 얻으며 보낸다. 재밌거나 유익한 것들도 있지만 대부분은 알든 말든 내 인생에 별로 영향이 없는 것들이다. 하지만 그건 내 목적에 어긋난 결과가 아니다. 사실 나는 바로 그 쓸데없는 것들을 알기 위해서 계속 쓸데없는 게시글을 읽고 쓸데없는 영상들을 보고 있다. 그건 실로 쓸데없고 편안한 시간이다. 어쩌면 현대인들은 항상 너무 유익한 시간을 보내는 데 지친 나머지 그런 여가생활을 보내게 되었는지도 모른다.

　쓸데없는 정보를 갈구하는 나 같은 사람들을 위해서 최근 온라인 세상엔 온갖 정보들이 말 그대로 범람하고 있는데, 덕분에 나는 이제 어떤 정보를 보는 것만으로 진실과 거짓을 가려낼 수 있다는 믿음을 거의 잃었다. 내가 날마다 닥치는 대로 흡수하

는 정보들엔 진실도 있고, 거짓도 있고, 진실이든 거짓이든 상관
없는 것들도 있을 것이다. 그리고 내가 보고 있는 것이 그중 어떤
것인지를 알아내기 위해서는 특별한 주의가 필요하다.

온라인의 정보들이 적극적으로 의심하고 검증해야 하는 것
이 되었다는 사실은 이제는 그리 대단한 통찰이 아니다. 최근 온
라인 세계는 '가짜뉴스'와 전쟁을 벌이고 있다. "가짜뉴스가 너무
많다"라는 말은 이제 거의 검증이 필요 없는 합의된 명제가 되었
다. 그래서 일단 가짜뉴스에 대한 이야기를 시작하고 보면, 대부
분 그것을 어떻게 추방하고 어떻게 그것으로부터 순진한 사람들
을 지켜야 하는지를 논의하는 데 집중하기 시작한다.

물론 가짜뉴스는 많은 해악을 지니고 있다. 그것은 사회적
신뢰도를 낮추고, 정보를 얻기 위한 사회적 비용을 증가시킨다.
그에 따라 점차 충분한 사회적 자원과 능력을 지닌 사람들이 양
질의 정보를 독점하게 된다. 가짜뉴스의 추방은 분명 필요한 사
회적 과제 중 하나이다.

그러나 가짜뉴스를 생산하는 '나쁜 시민'과, 가짜뉴스에 피
해를 입는 '선량한 시민'이 분명하게 구분된다는 믿음 자체는 허
상이다. 사실, 어떤 가짜뉴스는 바로 그것을 갈망하는 사람들의
욕망에 의해 발견되고 가공되고 확산된다. 사람들이 어떤 말을
듣고 싶어 하는 것이 언제나 무지성의 결과는 아니다. 어떤 사람

늘은 어떤 뉴스가 자신에게 어떤 도움이 되는지를 분명하게 알고 선택한다.

2019년은 여성 경찰과 관련된 대표적인 두 가지 사건이 발생했던 해다. 첫째는 관악구 흉기 난동 사건으로, 흉기를 휘두르던 범인을 제압하는 과정에서 여성 경찰이 '팔짱을 끼고 멀뚱멀뚱 구경을 했다'고 알려진 사건이다. 둘째는 '대림동 여경' 사건으로, 주취자를 제압하는 과정에서 여성 경찰이 남성 시민에게 도움을 요청했으며, 수갑까지 넘겨주어 시민이 수갑을 채우도록 했다는 사건이다.

두 사건은 엄청나게 화제가 되었으며, 언론을 통해 반복 보도되었다. 그 과정에서 "여경은 무능하다", "여경을 폐지해야 한다"라는 주장들도 함께 기사에 실렸고, 아주 온갖 곳에서 '여경이 필요한지 아닌지'에 대한 백분토론이 벌어졌다. 아마도 그 논란을 그대로 보도한 기사들은 조회 수도 높게 나왔을 것이다.

그러나 사건이 발생하고 몇 달이 지난 후, 한 TV 프로그램에서 관련 사건을 취재한 내용을 보도했고, 그 두 사건의 내용이 완전히 오보였음이 드러났다. 대림동 사건은 대림동에서 발생한 것조차 아니었고(해당 사건은 구로동에서 발생한 사건이었다고 한다), 당시 여성 경찰이 도움을 요청한 대상은 동료 경찰이었다. 관악구 사건은 더욱 황당했는데, 멀뚱히 구경만 했다는 '여성 경찰'이 사실 경찰이 아닌 지나가던 남성 주민으로 밝혀졌기 때문이다.

이 '팩트 체크'가 유독 반전이 컸던 탓에, 이 사건들을 들먹이며 '여경 무용론'을 펼쳤던 사람들은 좀 우스꽝스러운 꼴이 되었다. 그러나 이 사건들이 거짓으로 밝혀졌음에도 여전히 어떤 사람들은 여성은 경찰이 되어서는 안 된다고 생각한다. 팩트는 주장을 앞서지 못한다. 엄청나게 많은 사람들이 '대림동 여경, 관악구 여경'의 존재를 의심하지 않고 믿었던 건 단지 그 가짜뉴스가 지나치게 정교했기 때문만은 아니다. 이미 '여경은 무능력하다'는 신화가 그 사실들 앞에 강력하게 자리 잡고 있었기 때문이다. 이 가짜뉴스들은 처음 그것을 제작한 사람뿐만 아니라, 그것을 반복해 언급하고 강조하며 '여경 무용론'의 근거로 삼고자 했던 바로 그 사람들에 의해 만들어진 것이기도 하다.

동시에 그것은 그런 사람들의 의지와 욕망을 그대로 기사에 실어 내보낸 언론에 의해 만들어진 것이다. 당시 언론들은 그 사건의 정확한 사실 여부를 알아보지 않고, 커뮤니티에서 논란이 되는 내용들을 그대로 긁어와서 기사를 작성했다. 그리고 사람들은 또 그 기사를 퍼 나르고, 또 이렇게 기사에 보도될 정도로 '여경 무용론'이 심각하다고 말한다. 그 과정에서 논란은 점점 몸집을 부풀리게 된다.

언론이 '젠더 갈등'에 대한 올바른 인식을 전달하기는커녕,

중재하거나 진정시키는 역할조차 못 하고 오히려 그 갈등에 불씨를 지피는 상황이었다. '커뮤니티 받아쓰기'식 보도는 많은 이대녀들이 언론에 대해 불신과 피로감을 느끼게 된 계기 중 하나다. 언론에서 참고하는 커뮤니티는 대부분 남초 사이트들로, 이대녀들의 입장이 배제된 기사들이 작성된다. 어떤 기자들은 이것이 편파적이라고 느꼈는지 'vs.'를 가운데 두고 남초 사이트의 입장과 그에 대한 반대 입장을 나란히 작성하기도 하지만, 이는 '여경 무용론'처럼 혐오와 차별을 재생산하는 주제를 합리적인 하나의 입장처럼 전달하는 문제가 있다.

아무리 여기저기서 언론의 신뢰도가 땅에 떨어졌다고 떠들어도 여전히 많은 사람들이 날마다 뉴스를 보고 인터넷 기사의 헤드라인을 읽으며 그 내용을 일상 대화의 소재거리로 삼는다. 그리고 인터넷 뉴스가 커뮤니티발 논란을 그대로 받아 적을 때, 이대녀들은 현실에서 높은 확률로 이런 말을 들어야 한다. "요새 무슨 논란 있던데, 어떻게 생각해?", "여경이 아무것도 안 했다던데", "○○가 남혐했다던데" 등등. 그리고 페미니스트가 악마화되고 있는 현실에서 이런 주제로 유쾌한 대화를 나눌 수 있을 거라고 생각하는 이대녀는 아무도 없다.

'여경 사건'은 '여성의 무능력'에 대한 뿌리 깊은 편견과 연관되어 있었다. 그리고 '여경 무용론'에는 '능력도 없으면서 여성 할

당제로 이득을 보는 이기적이고 못된 여자들'에 대한 원색적인 비난이 항상 따라다녔다. 능력 없는 남성들이 있다는 이유로 모든 남성들이 해당 업계에서 축출되어야 한다고 이야기되지는 않는다는 논리는 그런 비난을 논파하기 간편하지만, 결국 '여자는 무능력하다'는 개개의 편견 앞에 서 있어야만 하는 개개의 여성들을 구원해주지는 못한다. 무능력의 신화 앞에서 여성들은 끊임없이 시험받고, 위축되고, 부당한 차별과 대우를 참아 넘겨야만 한다는 강박을 느끼게 된다. 언론이 '여경 무용론'을 언급할 때, 언론은 바로 그런 차별적인 현실을 용인한 것이기도 하다.

이대녀들은 이대녀의 생각이 고려되고 이대녀들이 공감할 수 있는 언론을 원한다. 지금 이대녀들의 입장은 언제나 'vs.' 뒤에 붙는 용도로나 사용되며, 남초 사이트발 논란보다 덜 중요한 것으로 여겨진다. 그러나 결국 '대림동·관악구 여경 사건'은 여성 경찰의 무용함을 증명하는 사건이 아니었다. 최소한 '팩트'조차 아니었다. 이처럼 남초 사이트의 주장이 더 진실하고, 공정하고, 보도될 가치가 있다는 증거는 어디에도 없다. 그러나 언론은 지금까지 여러 사건에서 바로 남초 커뮤니티의 목소리를 보도하길 선택해왔다.

언론은 혐오와 차별을 재생산하기를 선택할 수 있으며, 또 그러지 않기로 선택할 수도 있다. 그리고 그것을 멈추기로 할 때 정말 이대녀들이 원하는 '평등한' 보도가 가능하다. 그러나 이러한 노력은 단지 가짜뉴스를 경계하고, 팩트를 정확히 체크하는 것으로 완성되는 것은 아니다. 팩트 체크는 이 사회가 어떤 사상을 더 올바른 것으로 인정하고, 논의하고, 적용할 것인지에 대한 선택과 결코 떨어져 있지 않다.

2019년으로부터 2년가량이 흐른 2021년 말, 인천에서 흉기를 든 가해자를 두고 여성 경찰이 현장을 이탈했다는 사실이 알려지면서 인터넷은 다시 '여경 무용론'으로 뜨겁게 달아올랐다. 이 경우 사건 보도 자체에 '가짜뉴스'가 섞여 있지는 않았다. 여성 경찰이 현장을 이탈한 것은 사실이었다. 그러나 해당 여성 경찰은 1년 차 순경이었고, 19년 차 남성 경찰도 함께 현장에서 달아났다는 사실이 확인되었다. 이 사건에서 정말 '여경'이 무용했다면 '남경'도 마찬가지로 무용했던 셈이며, 경력 차이를 고려할 때 '남경' 쪽이 조금 더 무용했다고 볼 수도 있다. 그러나 이 사실은 뒤늦게 밝혀졌고, 열을 올리던 사람들 중 일부는 조금 멋쩍어졌겠지만, 대단한 변화가 일어나지는 않았다. 사람들의 뇌리에는 '여경 무용론'이라는 그 자극적인 단어만이 다시금 강조되어 남았을 것이다.

단지 혐오에 불과한 어떤 것들이, 그저 수많은 말들이 오갔다는 이유만으로 기사로 보도되고 마치 존중되어야 하는 하나의 입장처럼 여겨지는 일은 여전히 반복되고 있다. 이런 상황에서 '평등한 보도'를 원하는 이대녀들은 스스로 움직이기 시작했다. 올림픽의 열기로 뜨거웠던 2021년 여름, 양궁 국가대표로 뛰어난 성적을 거두어 화제를 일으킨 선수가 온라인에서 공격당하는 일이 발생했다. 언론은 이 사건을 남초 사이트에서 그대로 긁어 온 '쇼트커트, 페미 논란'이라는 키워드로 보도하며 또다시 무책임한 모습을 보여주었다.

이 보도에 분노한 사람들은 신문사에 직접 항의 의견을 보내거나, SNS를 통해 언론 보도에 대한 비판과 선수에 대한 지지의 목소리를 보내며 대응했다. 문제 제기와 함께 점차 보도의 방향도 선수에 대한 비상식적인 온라인 공격을 비판하는 쪽으로 변화했다. 커뮤니티발 논란에 무책임하게 탑승하는 언론의 태도를 비판하는 기사들도 등장했다. 이러한 변화의 뒤편에는 언론에 직접 문제 제기를 하거나 요청을 하는 사람들부터 실제 언론인으로서 업계 내부에서 노력하고 있는 사람들까지, 윤리적인 보도를 원하는 많은 여성들의 노력이 있었다.

이러한 노력들을 통해 이 사건은 '쇼트커트를 한 여성은 공격받는다'는 선례로 남지 않았다. 대신 온라인 공격은 잘못된 행위이며, 그러한 행태에 편승하는 언론은 비판받는다는 선례가 남았다. 이는 분명 '평등한 보도'가 나아가야 할 하나의 방향이다.

언론이, 정치가, 그리고 또 사회의 어떤 영역이 이대녀를 외면할 때, 이대녀들은 스스로를 위한 언론과 정치를 만들고자 한다. 아무도 이대녀를 위해 대신 말해주지 않는다면, 우리는 우리 스스로를 위해 말할 준비가 되어 있다. 페미니스트 기자들의 페미니즘적 관점이 담긴 기사들, 페미니스트 작가들이 쓴 페미니즘 관련 책과 소설들, 직접 정치의 영역에 들어가 정치를 하기로 선택한 이대녀들, 그리고 그들의 말들이 모두 그런 의지를 내포하고 있다.

그리고 어쩌면 나와 친구들이 이 책을 쓰기 시작한 것도 그런 의지의 발현일지도 모른다. 우리는 이대녀이고, 우리 스스로에 대해 말하고자 한다. 그리고 그것이 세상을 바꾸기 위한 첫걸음일 것이라고 우리는 믿는다.

'감히 여자가' 군대에 대해 말한다면

└ 노서영

20대 초반, 한 양심적 병역거부자의 선택을 지지하는 SNS 인증샷 캠페인에 참여한 적이 있었다. 양심적 병역거부자란, 국방의 의무가 있지만 군 복무를 거부하기로 선택한 이들을 일컫는 말이다. 종교적 신념으로 인해 총을 들 수 없어서, 사회적 약자 앞에 무장한 채 맞서는 공권력에 가담할 수 없어서, 이들은 각기 다른 이유로 군대 대신 감옥을 택한다. 그동안 많은 사람들이 용기 낸 결과 대체복무제가 생겼지만, 지난한 재판을 통과해도 수감을 피하기 쉽지 않은 것은 여전하다.

이들을 향한 시선은 곱지 않다. 그냥 가기 싫어서 핑계 대는 것은 아닌지, 반대로 군대에 가는 나머지 남성들은 전부 양심이 없다는 것인지 묻는다. 그러나 양심적 병역거부자의 존재는 바로 그 질문들을 고스란히 우리 사회와 군대에 돌려준다. '건장한 남성'이라는 이유로 국가가 개인을 징집하는 것은 옳은가? 장애인과 여성은 국방의 의무에서 면제된 것인가, 배제된 것인가? 군대는 왜 모두가 '핑계'를 만들어서라도 피하고 싶은 곳인 동시에 가지 않으면 비난받는 곳이 되었나? 우리는 왜 수많은 사람들의 소중한 인생을 할애해 전쟁에 대비해야 하는가? 어떤 살상이 옹호되고 어떤 살상은 비호되는가?

내가 올린 캠페인 글에 자주 연락하지 않고 지내던 중학교 동창의 댓글이 달렸다. "너 너무 나이브한 거 아니냐". 군대에 다녀오지 않은 것은 당시 그나 나나 마찬가지였다. 그때 나는 한창 평화학에 관심을 가졌을 때였다. 적대적 공생 관계와 무기 거래, 전시 성폭력, 민간인 학살, 탈영병, 종교 분쟁, 전쟁 특수, 핵이 주는 절멸의 공포, 군사주의와 일상의 문제까지 파고들면 파고들수록, 전쟁과 평화는 생각보다 훨씬 더 정치적인 문제였다. 하지만 내가 이 정치성에 얼마나 치열하게 부딪쳤는지 설명하는 것은 별로 중요하지 않았다. 남성인 그와 달리 나는 군대에 가지 않을 몸이니까, 군대에 대해 앞으로도 잘 모를 여성이니까. 그에게 얼마나 가닿았는지 알 수 없지만 그래도 해야 하는 말이 있다고 생각해서 끝까지 피력할 뿐이었다. 그런데 여성은 정말 군대에 대해 아무 말도 해서는 안 되는 걸까?

2021년 봄 공군 제20전투비행단 소속의 한 여성 부사관이 성추행 피해 사실을 신고한 뒤 상관의 회유와 협박에 시달리다 스스로 목숨을 끊었다. 피해자는 군 안에서 할 수 있는 모든 루트를 통해 피해를 신고했지만 군사경찰은 최소한의 분리 조치도 하지 않은 채 부실 수사를 이어갔고, 군검찰부 역시 가해자가 전역을 앞둔 군인이라는 이유로 조사와 증거 확보를 미뤘다. 사건 접수 사실을 인지하고도 한 달 동안 아무것도 하지 않은 공군본부 양성평등센터 역시 대응 지침을 어겼으며, 군법무관과 국선변호인도 직무를 유기했다. 피해자가 일상을 되찾기 위해 전출을 택해 간 제15전투비행단에서는 그를 '특별관심병사'로 낙인찍고 2차 가해를 지속했다. 그는 마지막 순간을 직접 동영상으로 남겼다. 그런데도 피해자 사망 직후 공군은 사건의 진상을 규명하기는커녕 오히려 허위 보고를 하며 축소와 은폐를 시도했다.

"우리 ○○이도 이렇게 예쁘게 하고 다녔다고요." 어두운 색 옷을 입고 평범한 차림으로 찾은 국방부 앞 시민 분향소에서 헌화를 하던 밤, 고인의 어머니께서 소리 내어 울기 시작하셨다. "청원 같은 거 올라오면 동의 좀 많이 해주세요. 우리 ○○이 잊지 말아주세요." 고인과 같은 또래인 나와 친구들은 그분의 손을 잡고 있다가 이곳에 온 게 죄송해져 눈물을 훔쳤다.

우리 바로 앞 순서로 유가족을 만난 건 한 국민의힘 의원이었다. 정작 유가족들이 수개월 전 도움을 요청했을 때 도움이 되지 못했던 그가 이제야 여기에 와 있었다. 한참 동안 유가족의 이야기를 듣던 그가 보좌진이 든 카메라를 의식한 듯 유가족과 포옹하기 위해 팔을 벌렸지만, 배와 등에 고인의 사진을 붙이고 있던 고인의 아버지는 그를 뿌리치고 국방부 정문을 향해 "국방부 장관은 나와라!"라고 외쳤다. 그러자 그 의원은 작은 목소리로 같은 문장을 한 번 따라 외치더니 인사를 하고 자리를 떠났다. 유가족의 절박한 호소에 즉각적인 응답을 하지 못해놓고 여성가족부 폐지나 여성 징병제를 주장하는 그를 신뢰하지 않아서인지 모르지만, 진심이 느껴지지 않는 목소리였다. 전국에 300명뿐인 국회의원 중 한 사람이라면, 그 자리에서 국방부 장관에게는 가 닿지 못할 말 한마디를 보태는 것보다 국민에게 위임받은 권력으로 훨씬 더 힘 있는 조치를 취해야 했다. 문재인 대통령이 엄중수사를 지시하고 국방부 장관이 군검찰 수사심의위원회를 출범시키며 유가족에게 철저한 수사를 약속했지만, 결국 책임자는 한 명도 처벌받지 않았다. 이날 분향소는 피해자의 이름과 얼굴을 드러낸 채로 특검 도입을 요구하며 차려진 것이었다.

같은 해 11월에는 공군 제8전투비행단에서 성추행 피해자의 사망이 보도되었다. 앞의 사건과 비슷한 시점에 발생해 업무 과중에 의한 자살로 판단되었으나, 공군이 강제추행 건만 뒤늦게 기소한 사실이 드러나면서 또 다른 조직적 은폐 의혹이 제기됐다. 그리고 바로 다음 날, 앞의 여성 부사관 사망 사건 초동수사에서 공군 법무실장이 전관예우 때문에 가해자를 불구속 수사한 것도 모자라 피해자의 사진을 요구한 정황이 담긴 녹취록이 공개되었다. 12월에는 공군 제10전투비행단에서 발생한 또 다른 성추행 사건을 윗선에서 협박하고 무마하려 했다는 사실이 폭로되기도 했다. 어떻게 그럴 수 있을까.

2021년 한 해 동안 성추행으로 사망한 여군은 알려진 수만 다섯 명이다. 이 사망'들'에서 주목해야 할 건 피해자들이 성추행 그 자체보다 성폭력 이후 군의 사건 처리 과정에서 더 심한 고립감을 느끼고 절망했다는 사실일 것이다. 용기를 내 피해를 신고해도 피해자를 죽음으로 내모는 조직에, 결국 가해자의 죽음°도 막지 못한 집단에 미래가 있을까. 헌신했던 조직에 다섯 명의 여군들이 느꼈을 실망감과 배신감, 불의에 대한 분노를 표현해낼 수 있는 말은 아마 없을 것이다.

공군 사망 사건 이후 국회에는 군형법 일부개정안이 여럿 발의되었다. 대부분 피해자와 가해자 사이에 계급 차이가 있는, 소위 권력형 성폭력에 대한 처벌 수위를 강화하거나 조직적 은폐 등의 2차 가해를 처벌 가능하게 하는 조항을 추가하자는 안이었다. 그 사이에는 군형법 제92조의6(추행죄)을 삭제하자는 목소리

° 여성 부사관 사망 사건 당시 피해자에게 보복 협박, 회유 등의 2차 가해 혐의로 구속 기소된 모 상사는 국방부 영내에서 수감 중 사망했다.

도 있었는데 아직 제대로 추진되지 못하고 있다. 이 추행죄는 성추행을 다루는 것이 아니라 '항문성교'라는 특정한 체위를 '추한 행위'로 규정하고 성소수자 군인을 형사 처벌하는 조항이다. 성관계 여부와 상관없이 충분히 '남성답지 못하다'는 이유로 동료나 상관에게 폭력을 당해도 인권침해 사건으로 다뤄지기는커녕 이 조항 때문에 오히려 피해자가 사생활을 추궁당하고 관심병사가 되어 정신병원에 구금될 수 있었다. 그러니까 현재 군형법은 주로 여군들이 겪는 성폭력 피해도 구제하지 못하면서 성별·동의 여부와 무관하게 성소수자 군인들을 범죄자로 낙인찍고 있는 셈이다. 그 밖에 "부하가 다수 공동하여 죄를 범함을 알고도 그 진정 (鎭定)을 위하여 필요한 방법을 다하지 아니한 사람은 3년 이하의 징역이나 금고에 처한다"라고 되어 있는 제93조(부하범죄 부진정) 역시 모호한 표현으로 실제 적용이 어렵다는 점을 고려하면 군형법 전면 개정이 필요하다.

10월에는 고(故) 변희수 하사의 유족들이 강제 전역처분 취소를 위한 행정소송에서 승소했다. 변 하사는 성확정수술*을 마친 뒤 여군으로 계속 복무하기를 희망했지만 육군은 '남성으로서의 신체가 훼손됐다'며 그녀를 심신장애 3급으로 판정해 강제

---

* 용모나 성징을 다른 성으로 변경하는 외과 수술로 '성전환수술'의 대체어로 쓰이며 '성기재건수술'이라고도 한다.

로 전역시켰다. 법원은 그러한 육군의 결정이 부당하다고 변 하사의 손을 들어주었지만 이미 그녀가 세상을 떠난 뒤였다. 그녀가 만약 미국인이었다면 어땠을지 감히 상상해본 적이 있었다. 1만 5000명의 트랜스젠더 군인이 통계에 잡히는 그런 국가의 국민이었다면. 물론 합법적 존재가 된다고 해서 모든 차별과 혐오가 사라지는 것도 아닐뿐더러 그 합법적 지위마저 정권이 교체되면 너무 쉽게 위태로워지지만 말이다. 적어도 성별과 성적 지향, 성 정체성을 이유로 한 사람의 삶을 부정하고 외면하는 나라에서와는 다르게 살아갈 수 있지 않았을까.

군대는 유독 폐쇄적이고 분리된 채 성역화된 공간이지만 군대 문화는 사회 곳곳에 스며들어 있다는 걸 피부로 느낀다. 군사주의 정부가 집권했던 역사를 가진 데다 전 세계에 많지 않은 분단국가이자 징병제 국가 중 하나이기 때문일까. 어쨌든 군은 사회와 유리되지 않아서 앞서 서술한 일들은 우리 사회 전체의 문제이기도 하다. 학연과 지연처럼 군대에서의 인연이 회사 승진 과정에서 유리하게 작동하기도 하고 기업의 운영 방침이 군대 시스템을 닮아 있어 군대를 경험하지 않은 사람은 적응하기 어려울 때도 있다. 힘의 논리를 찬양하거나 누군가를 굴복시킨 경험을 훈장처럼 자랑하는 경우도 그렇다. 우리는 왜 군대가 아닌 공간에서까지 군대를 간접 경험해야 하는지, 어째서 군대는 위계적이고 폭력적이어도 된다고 믿는지 의문이 든다.

여성이 군대에 대해 말을 아끼는 이유는, 근처 호프집만 가도 이미 많은 남성들이 군대 이야기를 나누는 걸 볼 수 있기 때문이기도 하지만, 자격이 없다고 느끼기 때문인 게 크다. 최저임금의 50퍼센트 수준인 군인 월급을 보면 미안한 마음이 드는 것도 사실이다(모두가 그런 마음이 들어야 한다는 말은 아니다). 그래서인지 '여자도 군대가라'는 말은 실제로 아무도 책임질 수 없으면서 여성 인권을 이야기하는 여성을 입막음하기 위해 자주 사용된다.

하지만 보복성 요구에서 출발한 여성 징병제는 성평등의 완성도, 군대 내 인권 문제의 근본적인 해결책도 될 수 없다. 개인적으로는 성별이나 장애 여부와 관계없이 누구나 참여할 수 있도록 '국방'의 개념을 폭넓게 고치고 각 역할과 보상을 합의하면서 방어와 평화 유지를 위한 군대로 나아갈 필요가 있다고 생각한다. 물론 일상에 스며들어 있는 군 문화를 걷어냄과 동시에 군대 내 불필요하게 성역화된 부분을 줄여나가려는 노력이 선행되어야 할 것이다. 성평등한 세상을 만드는 것도, 성평등한 군대를 만드는 것도 모두 여성의 일로 맡겨두지는 않았으면 한다. 성평등은 사회적인 과제이며 군대도 하나의 사회인 만큼 모든 사회 구성원이 책임감을 느끼고 함께 해결해야 할 문제로 접근해야 한다.

그런 점에서 이미 오래전 위헌 판결을 받은 군 가산점제 부활로 이대남을 위로하려고 하는 정치는 해롭다. 이대남이 징집되는 탓을 군대에 가지 않는 여성에게 돌리면서, 국방의 의무를 다하지 않는 이들이 어느 정도의 차별을 받아도 괜찮게 해주겠다는 약속이라니, 얼마니 무책임한가. 오히려 페미니즘으로 말미암아 군대에 대해 재논의하라는 것이야말로 대부분의 통계에서 남성보다 높은 비율로 여성 징병제에 찬성하는 여성들의 뜻이 아닐까 싶다.

아, 이제 보니 중요한 건 '군대'라는 목적어가 아니라 군대에 대해 말하는 목적과 태도다. 군대에 대해 말할 수 있을 것 같다. 다른 분야에서와 마찬가지로 군대 안의 문제를 해결하려는 의지를 가진 사람과는. 평등한 사회로 나아가기 위해 누구든 군대에 대해 말할 수 있음이 전제되는 대화에서는.

에미야, 국이 짜다

└ 신민주

20대 초반, 처음으로 결혼하는 지인이 생겼다. 주변에 결혼한 사람이라고는 나보다 훨씬 나이가 많은 먼 친척이 다였는데 드디어 나에게도 결혼하는 지인이 생긴 것이다. 결혼 소식을 전하는 그가 나보다 훌쩍 '어른'같이 느껴졌다. 청첩장도 받았다. 예쁜 하얀색 봉투 속 더 예쁜 하얀색 엽서에는 행복을 빌어달라는 문구가 적혀 있었다. 그 말처럼 진심으로 그의 행복을 빌어주었지만, 결혼 소식을 들은 이후부터 한 가지 질문이 머릿속에 맴돌았다. '나도 결혼을 하게 될까?' 답 없는 고민이었다. 그 답 없는 고민을 곱씹을 때면 그보다 더 답 없는 고민도 이어졌다. 만약 나에게 시부모가 '에미야, 국이 짜다'라고 말하면 뭐라고 대답해야 할까? 그래서 영원히 결혼을 안 할 것처럼 보이는 친구에게 물었다.

"결혼할 생각 있어?"

"하면 하는 거고, 안 하면 안 하는 거고."

당연히 결혼하지 않을 거라고 할 줄 알았는데. 잠시 고민하다가 진짜 물어보고 싶었던 질문을 했다.

"그런데 결혼하고 나서 시어머니가 '에미야, 국이 짜다'라고 말하면 어떡해? 결혼한 순간부터 너를 에미나 애기라고 부르는 상황이라면 말이야…"

그는 큰 소리로 웃었다.

"왜 그런 걸 고민하는 거야?"

그러게. 내가 왜 그런 걸 고민하지?

"결혼이 사랑하는 사람과 하는 게 아니라 시집 식구랑 하는 것처럼 느껴지나 봐."

그 말을 내뱉고 보니 내가 결혼을 무서워한다는 사실을 깨달았다. 결혼을 지나치게 낭만화하는 사회 속에서 나는 이상하게 현실판 결혼의 구질구질함에 더욱 감정이입하는 인간이 되어버렸다. 어렸을 때 본 네이트판 게시물 탓인지 TV 프로그램 〈사랑과 전쟁〉 탓인지는 불분명했다. 그런데 결혼하지 않은 삶을 생각해도 똑같이 무서웠다. 외롭게 혼자 늙어 죽을지도 모른다는 생각이 들었다.

여중과 여고를 다니던 평범한 청소년이었던 만큼 인터넷 사이트인 네이트판을 수시로 드나들었다. 특히 '결시친'이라 불리는

'결혼/시집/친정' 게시판에는 놀라운 이야기들이 많았다. 명절 즈음에 게시판에 들어가면 막장 중의 막장 이야기를 볼 수 있었다. 친정에 못 가게 하는 시어머니 썰, 아들이 아니라 딸을 임신했다는 소식에 막말하는 시집 식구 썰, 구박받는 며느리와 호통치는 시어머니, 그 속에서 무능한 남편. 댓글에는 시집 식구들과 남편의 잘못을 지적하는 말들이 이어졌다. 화목한 가정에서 자라난 나도 그곳 게시글과 댓글을 읽을 때면 저렇게 살 바엔 다들 이혼해버리는 게 낫겠다는 생각이 들 정도였다.

그런 생각을 하는 사람이 나뿐은 아니었던 것 같다. 트위터에 접속하면 비혼을 주장하고 장려하는 이대녀들을 쉽게 볼 수 있었다. 비혼을 결심한 이유는 저마다 달랐지만 모두 비슷한 시기에 '결혼은 여자만 손해'라는 생각을 가지게 되어버린 것이다. 독박육아, 경력단절, 코리안 며느리의 숙명인 제사와 명절 스트레스, 가정 폭력까지. 결혼을 생각할 때 쉽게 떠올릴 수 있는 그림자가 많다는 것은 '결혼은 여자만 손해'라는 사실을 뒷받침하는 것 같았다.

조금 더 나이를 먹은 후 혼자 5평짜리 방에 살게 되었을 때는 다른 차원의 생각을 하게 되었다. 침대를 놓을 수 없는 방, 수납공간이 없어 어지럽게 물건이 널브러져 있는 방, 옆집 소리가 그대로 들리는 방, 건조대에 빨래를 널고 이불을 펴면 좁아서 책상 의자에 앉기 어려운 방, 내가 도망칠 수 없는 방. 옆집 소리가 들리긴 하지만 나는 그를 알지 못했고 그도 나를 알지 못했다. 그래서 우리는 서로에게 귀찮은 소음 이상의 의미가 되지 못했다. 그 방에 가만히 누워 있으면 이 세상에 혼자 남겨진 느낌이 들었다. 이곳에서 죽는다면 정말 아무도 나를 발견할 수 없을 것 같았다. 동거인이 있으면 좀 나을까? 고독사한 불쌍한 청년 1인이 되는 일은 없지 않을까? 백수가 되어 아무도 없는 방에 누워 있을 때면 그런 생각이 들었다.

그러다가도 옆집 커플이 싸우는 소리를 들을 때면 동거인에 대한 고민이 모조리 사라지기도 했다. 누군가와 이 좁은 집에서 함께 먹고 자는 일을 생각하면 끔찍했다. 싸우고 나서 화가 나도 5평짜리 방에서는 도망칠 곳도 피할 곳도 없었다. 비교적 화목한 사이라 해도 좁은 집에 두 명이 누워 자는 상상을 하면 숨이 턱턱 막히는 것 같았다. 결국 결혼도 돈이 있어야 가능했다. 정확히 말하면 집이 있어야 했다. 사실 나는 결혼보다는 집을 더 원했다. 조금 더 넓은 집에 산다면 안락의자를 둘 수 있을 것이고 작은 전기 오븐도 둘 수 있을 것이며 식탁도 둘 수 있을 것이다. 안락의자와 전기 오븐과 식탁은 네이트판에 나오는 남편들보다는 삶의 질을 올려줄 확률이 높았다. 큰마음 먹고 산 탄산수 기계와 선물받은 와플팬이 그랬던 것처럼.

사회에서는 사람들이 결혼하는 이유를 '사랑하기 때문에' 같은 공감되지 않는 말로 표현했다. 더 이상 서로를 사랑하지 않는 부부가 어쩔 수 없이 결혼을 유지한다는 사실을 무시하면서. 오히려 솔직한 대답은 신혼부부의 우스갯소리에서 찾을 수 있었다. 왜 결혼을 선택했느냐는 질문을 신혼부부인 친구들에게 조심스럽게 던졌을 때 내가 들은 가장 현실적인 대답은 이것이었다. "신혼부부 전세자금대출을 받아야 해서." 농담으로 한 말이었지만 그 이야기를 듣는 순간 나는 집이 있어야 결혼하는 것이 아니라 결혼해야 집이 생길 수 있다는 중요한 사실을 알게 되었다. 더 큰 집에 살기 위해서는 결혼을 하고 (더 중요하게는) 아기를 낳아야 했다!

한국 사회에서 1인 가구는 흔히 '청년들이 잠시 머물다 가는 곳'으로 인식된다. 1인 가구이자 20대인 나는 국가에서 운영하는 이자가 싼 대출 상품으로 지금 사는 집에 들어올 수 있었지만 더 나이가 들면 불가능하다. 법적 '청년'의 나이 이상이 되었을 때 국가의 혜택을 받으려면 결혼하는 수밖에 없다. 신혼부부 전세자금대출을 받으면 1인 가구 때와는 비교할 수 없을 정도로 많은 돈을 저리에 빌릴 수 있다. 하지만 한 사람이 비혼을 선택하여 나이가 들었다면, 레즈비언이라 법적으로 결혼하지 못했다면 좋은 집, 아니 살 만한 집에 들어가기 어렵다. 돈도 없고, 애초에 12평 이상의 1인 가구 공공주택은 존재하지도 않는다.

신혼부부 정책에 '저출산' 대응 정책이 함께 따라오는 것은 문제를 더욱 복잡하게 만든다. 물론 1인 가구보다 '신혼부부 + 아이'로 구성된 가족에게 더 넓은 집과 지원이 필요한 것은 당연하다. 그러나 대놓고 '억울하면 애 낳아라' 식으로 짜인 정책을 볼 때면 혹시 국가가 나를 애 낳는 기계로 생각하는 게 아닌지 고민하게 된다. 아예 국토교통부는 신혼부부 주택특별공급 지침에 '임신증명 및 출산이행 확약각서'를 넣어두기도 했다. '성실하게 출산을 이행할 것을 약속합니다', '허위 임신, 불법 낙태로 판명되는 때에는 공급 계약의 취소 및 해약 조치에 대해 이의 제기하지 않을 것을 확약합니다'라는 각서 내용은 무서울 지경이다. 이미 2020년 12월 31일 '낙태죄'가 헌법 불합치 판정 이후 형법에서 삭제되었음에도 '불법 낙태'라는 표현을 국가기관에서 쓰고 있는 아이러니는 둘째 치더라도, 주택에서 가산점을 받기 위해 임신을 하고 그 후에 낙태를 하는 여성이 있을 수 있다는 기적의 논리를 어떻게 해석해야 할지 당황스럽다.

임신을 유지하겠다는 '각서'가 있는 대한민국에서 우리는 과연 결혼과 임신, 출산과 육아를 온전히 자신이 결정하고 있는 것일까? "덮어놓고 낳다 보면 내 인생만 폭망"[*]하는 대한민국에서 애 낳기를 온 우주가 바라고 있다는 사실은 어떻게 해석해야 할까. 애 낳기 전엔 '이기적인 여성', 애 낳고 나면 '맘충'. 출산은 엄청나게 축하하지만 그 이후의 문제에는 침묵하는 세상은 나를 결혼에서 더욱더 멀어지게 만들었다. 경력단절, 산후 우울증, 가정 폭력, 아동 학대는 소설에 나오는 내용이 아니라 우리 사회에 현존하는 문제였다.

이러한 문제는 결국 결혼한 이대녀들에게도 결혼을 거부하는 이대녀들에게도 해롭다. 심지어 레즈비언 이대녀들은 사실상 결혼한 관계일 때도 국가 혜택을 받지 못한다는 점에서 더욱 손해. 결혼하지 않은 사람들이 잘 살 수 있는 세상이 결혼한 사람들도 잘 살 수 있는 세상이라는 합의가 없는 사회에서 일어나는 흔한 일이다. 그래서 우리는 몇 가지 합의를 다시 쌓아 올려야 한다. 한 개인이 '출생률'과 '인구수'라는 숫자가 아닌 '인간'으로 인정되어야 한다는 합의이자, 가족이 아닌 개인이 더 먼저여야 한다는 합의이다.

결혼한 이대녀와 결혼하지 않은 혹은 제도적으로 결혼할 수 없는 이대녀에게 모두 이로운 것들을 찾아가고 싶다. 비혼을 외치는 것만큼, '정상' 가족과 출생률을 위한 정책만 존재하는 사회가 아니라 모든 개인이 복지 시스템의 기초가 되는 세상을 만들

●   2016년 가을 낙태죄 폐지를 촉구하는 집회에서 외쳐진 구호.

기 위해 노력해야 할 것이다. 가족이 아닌 개인이 먼저일 때 가족
도 소중해질 수 있다. 나와 비슷한 고민을 가지고 있는 이대녀들
과 할 일이 많을 것 같다. '에미야, 국이 짜다'라는 말에 고민하기
보다는 나 개인으로서 행복한 사회가 낫다.

3부
우리가 가진 이름으로

가족 바깥에 가족을 짓자

└ 노서영

문화비평론 수업에서 영화 〈신과 함께〉에 대해 발표한 적이 있었다. 뒤쪽에 앉아 있던 분이 손을 들고 이런 질문을 던졌다. "저도 신파가 싫은데요. 신파인 줄 알면서 봐도 왜 그렇게 눈물이 날까요?" 그래, 실은 나도 영화를 보고 많이 울었다. 스스로 '국뽕 영화'라고 평가한 〈국제시장〉을 보면서는 영화관에서 오열하기까지 했다. 이 기억들을 털어놓으며 "아마도 한국 사회에서 가족은 이상하리만치 특별한 지위여서 그런 게 아닐까요?"라고 답했다.

가족은 사회화가 이루어지는 첫 번째 공간이자 언제나 든든한 내 편이 되어주는 사람들로 자주 이야기되지만, 사회적으로 통용되는 '가족'에 대한 조금 더 노골적인 정의는 서로 죽을 때까지 책임져야 하는 제도적 최소 단위다. 그만큼 운명 공동체이기에 가깝고, 동시에 부담스럽다. 서로를 이해하지 못하거나 폭력적

163

인 가족 구성원을 만난다 해도 성격이 안 맞는 룸메이트처럼 쉽게 끊어낼 수 없다. 가족을 돕는 것은 도덕적·법적 의무이기 때문에 집안에 우환이 생기면 가족 구성원들이 열 일을 제쳐두고 함께 해결해야 한다. 법적 가족이어야 받을 수 있는 지원이 있는가 하면, 이 사람과 저 사람이 가족이어서 받을 수 없는 지원도 있다. 가족 간에 넘치는 사랑 혹은 버거움은 오랜 시간 돌봄 책임을 가족에만 전가해온 국가에 의해 시민의 공통 감각이 되었다.

그날 수업 발표에서 질문을 주셨던 분도, 발표를 준비한 나도, 또 고개를 끄덕이며 우릴 지켜보던 대부분의 수강생들도 변화하는 가족관을 체감하고 있는 사람들이었다. 아직은 전통적인 가족 개념이 몸에 새겨져 있지만 언제든 그 굴레를 벗어나 새로운 가족을 직접 만들어갈 준비가 된, 지금 여기를 살아가는 사람들 말이다.

2021년 여성가족부가 전국의 만 19세 이상 79세 이하 국민 1500명을 대상으로 실시한 '가족 다양성에 대한 국민인식조사' 결과에 따르면, 10명 중 6명은 법령상 가족의 범위를 사실혼과 비혼 동거까지 넓히는 데 찬성하는 것으로 나타났다. 혼인·혈연 여부와 상관없이 생계와 주거를 공유한다면 가족으로 인정해야 한다는 의견에는 10명 중 7명이 동의했다. 응답자의 70.5퍼센트는 비혼 동거 등 법률혼 이외의 혼인을 향한 차별이 폐지될 필요가 있다고 답하기도 했다.

현재 가족에 대해 다루는 법으로는 민법과 건강가정기본법이 대표적이다. 두 법에서 공통적으로 인정해온 가족은 혼인·혈연관계뿐이었다. 그러다 2021년 4월, 여성가족부가 제4차 건강가정기본계획에서 비혼 동거 가족 등 제도 밖의 가족을 호명하며 모든 가족과 가족구성원이 존중받는 사회를 약속했다. 여기에는 '건강가정'이라는 표현을 바로잡고, 자녀의 성(姓) 결정 방식을 부모 협의 원칙으로 전환하겠다는 내용 등이 포함되었다. 하지만 여전히 한부모, 조손가족, 이민자·새터민 가족 등 기존의 가족 규정에 기대면서 가족 구성에 따라 유형을 나누어 지원하는 방식은 낙인 효과와 사각지대 발생으로부터 자유로울 수 없다는 점, 또 다양한 가족을 인정하겠다는 계획에 생활동반자법 같은 구체적인 방안은 언급도 되지 않았다는 점이 한계였다. 동성 커플은 이번에도 어김없이 "세상 모든 가족"*에서 예외였다.

해외에서는 파트너십등록제(덴마크), 시민연대협약(프랑스), 생활동반자법(독일), 동거인법(스웨덴) 등 다양한 이름으로 결혼하지 않은 두 사람의 결합을 법적으로 인정해오고 있다. 동성 결혼 법제화의 전 단계로 기능하게 했던 나라가 있는가 하면, 성별을

● 여성가족부 제4차 건강가정기본계획의 슬로건.

제한하지 않거나 연인 관계가 아니어도 결합할 수 있도록 하는 경우도 있었다. 2022년에는 도쿄 도(道)에서도 성소수자 커플을 인정하는 동성 파트너십 제도가 도입된다는 도지사의 발표가 있었다.

국내 정치권에서는 2007년 제17대 대통령 선거와 2008년 제18대 국회의원 선거에서 동반자등록법이 공약으로 처음 등장했다. 2014년 진선미 더불어민주당 의원이 '생활동반자에 관한 법률' 토론회를 개최하면서 구체적인 법안을 마련했지만 발의로 이어지지 못했다. 프랑스의 시민연대협약(PACS) 제도와 유사하게, 소중한 한 사람과의 계약을 통해 공동생활을 보장하도록 하는 안이었다. 이후에도 생활동반자법 또는 생활동반자 조례는 제19대 대통령 선거, 2018년 서울시장 선거, 제21대 국회의원 선거, 그리고 2021년 서울시장 재보궐 선거에도 공약으로 제출되었다. 같은 해 여름에는 용혜인 기본소득당 의원이 "가족, 결혼을 넘다"라는 제목의 국회토론회를 진선미 의원 이후 7년 만에 개최하기도 했다.

생활동반자법은 각자가 살고 싶은 사람과 살 수 있게 된다는 점뿐 아니라 기존의 가족 중심적 제도를 개인 중심으로 바꿔놓는다는 차원에서 근본적인 사회 변화의 한 축을 이룬다. 개인이 존립할 수 있는 최소한의 기본소득이 가족의 소득을 고려하거나 장애·가난을 증명할 필요 없이 모든 개인에게 지급되는 등 지금과는 완전히 다른 소득 모델이 동반될 수 있다. 그리고 청년-이성-신혼부부가 아닌 1인 가구나 동성 부부, 중년 부부, 친구로 구성된 다인 가구 등 다양한 가구에 속한 개인들이 그 형태와 무관하게 집다운 집에 살 수 있도록 하는 주거정책도 함께 실현될 수 있을 것이다.

무엇보다 생활동반자법은 여성과 남성의 결합 속에서 여성-어머니가 암묵적으로 희생했던 기존 가족 내 성역할을 통째로 뒤흔든다. 법적인 가족 구성이 이성 커플에 머물지 않고 확대되기 때문이고, 앞서 언급했듯 생활동반자 관계가 개인과 개인의 계약을 통해 가능해질 뿐 아니라 혼인보다 해소가 쉬우므로 평등한 관계가 될 가능성이 높기 때문이다. 그 밖에도 단일한 혼인관계 바깥의 임신과 임신중지, 출산과 입양에 대한 새로운 패러다임이 요구될 것이며, 돌봄을 어느 한쪽의 몫이 아니라 모두의 몫으로 정착시키는 길이 만들어지게 될 것이다.

이러한 생각을 갖고 나는 최근 두 번의 선거와 제20대 대통령 선거에서 내가 지지하는 후보가 생활동반자법을 공약화하는 과정에 참여했다. 결혼의 비법률화와 동성혼 법제화 사이에서 고뇌하기도 하고, 가족이라는 개념을 확장할지 그로부터 자유로워질 것인지 토론도 했다. 하지만 생활동반자법의 효과나 목적을 설명하는 그 어떤 논리보다 중요한 것은 당장 이 제도가 없어서 (성애적인 사랑에 한정되지 않는 의미의) 사랑하는 사람과 가족이 될 수 없는 사람이 실제로 존재한다는 사실이었다. 어쩌면 누군가는 상상도 안 해봤을, 아니 실은 너무 잘 알아서 회피하고 싶은 현실 속에.

지난 크리스마스에는 친구들과 함께 미아리고개에서 생활동반자법 제정을 위한 체험 전시를 열었다. 이 법의 필요성을 알리고, 모든 대선 후보들의 공통 공약으로 만들고 싶어서였다. 생활동반자법이 도입된 대한민국을 배경으로 하여 관람객이 구청에서 생활동반자관계를 신고하는 것으로 시작해, 함께 살 집을 고민하고, 자동차보험에 동반 가입을 하고, 응급 상황 시 법정대리인으로서 서명을 하고, 직접 자신의 장례 절차를 설계하고, 필요하다면 관계를 해소하거나 유산을 상속하는 것까지 경험할 수 있도록 구성을 짰다. 난 전체 3부 구성 중 1부 구성을 맡았는데, '기본 구청 민원여권과 생활동반자관계 등록'이라고 적힌 부서 명패를 만들어 붙이고 기존의 혼인신고서에서 불필요한 부분을 덜어낸 생활동반자관계신고서 양식을 갱지에 인쇄해두니 그럴듯했다.

크리스마스가 낀 주말에 3일 내내 갤러리를 지켜야 한다고 했을 때 못내 아쉬워했던 애인, 스무 살에 처음 가본 퀴어문화축제가 얼마나 자유로운 경험이었는지 이야기했더니 "너도… 성소수자니?" 하고 조심스레 물었던 엄마와 아빠, 그리고 다양한 스펙트럼상에 있을 나의 사랑하는 친구들과 동료들을 초대했다. 코로나 재확산으로 상황이 다시 안 좋아지는 바람에 작은 규모로 진행했지만 많은 관람객들이 참석한 가운데 거행된 오픈 퍼포먼스는 성공적이었다. "재석 300인 중 찬성 300인으로서 생활동반자 관계에 관한 법률은 가결되었음을 선포합니다." 땅땅땅! 의사봉 소리와 울려 퍼지는 캐럴, 크리스마스 어글리 스웨터를 입은 작가들, 마침내 커튼처럼 열리는 조금 더 자유롭고 평등한 세계.

가족이 되고 싶은 사람에게도, 가족을 벗어나고 싶은 사람에게도, 생활동반자법이 새로운 가능성이자 힘이 되었으면 좋겠다. 그리고 그 마음들이 모여 여기 한국에서도 생활동반자법이 하루빨리 실현되기를 바란다.

"내가 되고 싶은 가족을 찾아서"*, 이제 신파가 더 이상 통하지 않는 세상으로 가자. 가족 바깥에 가족을 짓자. 사랑해서 구속되고 위험해지고 불평등해지는 것이 아니라, 사랑하니까 자유로워지고 사랑하니까 평등해지자.

* 가수 이랑의 노래 〈가족을 찾아서〉의 가사 일부 인용.

원피스와 탈코르셋

└ 신민주

5년 만에 옷장 속에서 원피스를 꺼내 입었다. 검은색에 빨간색 잔꽃 무늬가 박혀 있는 무릎 위 기장의 원피스였다. 다시는 입지 않을 것이라 생각했으나 그 옷을 입고 만들었던 추억이 아까워 남겨놓았던 것이었다. 2013년 페미니즘을 접한 이후 순차적으로 화장을 끊었고, 브래지어를 벗었고, 치마를 입지 않았다. 20대 초반까지 셀카를 한 장도 찍지 않았을 정도로 외모에 대한 혐오감이 컸던 나는 언젠가부터 예쁘지 않아도 괜찮다는 당연한 사실을 몸으로 받아들였다. 그래서 꾸미지 않았다. '탈코르셋 운동'이라는 말이 한국 사회에서 유행하기 한참 전부터.

그러다가 원피스를 입어야 하는 일이 생겼다. 짧은 머리와 운동화, 브래지어를 하지 않은 가슴, 제모하지 않은 다리, 화장하지 않은 얼굴로 원피스를 입었다. 길을 가다가 유리창에 비친 내 모습을 보는데 피식 웃음이 나왔다. 정말 원피스가 더럽게 안 어울렸기 때문이다.

2020년 제21대 국회 최연소 국회의원인 류호정 정의당 의원이 원피스를 입고 국회 본회의장에 들어간 순간, 그는 '논란'의 중심에 서게 되었다. 논란이 된 이유는 표면적으로 설명하자면 그 전까지 아무도 화려한 무늬의 원피스를 입고 국회에 등원한 적이 없어서였다. 그러나 단지 그 이유라고 하기엔 그에게 쏟아진 말들의 수위가 지나치게 높았다. "국회의 권위를 무너뜨린다", "체통을 지켜라", "술집 여자 같다"라는 말들과 함께 온갖 성희롱적 언사와 '관종'이라는 비난이 쏟아졌다. 나는 그 모든 언행이 여성 정치인에 대한 폭력이라는 사실을 알아챘다.

사실 류호정 의원이 그 전까지 정장만 입고 등원한 것은 아니었다. 청바지나 반바지를 입은 적도 있고, 불편한 구두 대신 운동화를 신기도 했다. 그때도 체통을 지키라는 비난이 있긴 했지만 원피스 때와 같은 '핫'한 반응은 없었다. 그가 청바지나 반바지를 입었을 때와 달리, 원피스를 입어 특별한 메시지를 전달하고 싶었던 것인지는 알 수 없다. 표면적으로는 그저 원피스를 입었을 뿐이다. 청바지와 반바지를 입었던 것처럼.

나중에 알려진 일이지만, 그가 소속되어 있는 국회의원들의 모임인 '국회 2040 청년다방 연구모임'에서 정장이 아니라 편한 옷을 입고 등원을 해보자는 이야기가 나왔었다고 한다. 딱딱한 정장 차림의 권위있는 국회 대신, 동료 시민들과 함께 호흡할 수 있는 친근한 국회를 만들자는 제안 중 하나였을 것이다. 류호정 의원은 그 제안을 실천하기 위해 자신에게 잘 맞고 편한 옷을 선택했다. 그것은 청바지이기도, 반바지이기도, 운동화이기도, 원피스이기도 했다. 그러나 결과적으로 사람들이 주목한 것은 원피스였다.

비슷한 일은 다른 의원에게도 일어났다. 2021년 1월 18일, 용혜인 기본소득당 의원이 난데없이 네이버 실시간 검색어 순위에 올랐다. 용혜인 의원이 본회의나 대정부질의에서 발언한 날도 아니었고 그와 관련한 엄청나게 새롭거나 놀라운 정보가 퍼진 날도 아니었다. 용혜인 의원이 검색어 순위에 오른 이유는 누군가 용혜인 의원의 인터뷰 사진을 인터넷 커뮤니티에 올렸기 때문이다. 사진이 커뮤니티에 돌자마자 유저들은 마치 약속이나 한 것처럼 용혜인 의원의 몸매를 품평하기 시작했다. 성희롱적인 말들도 당연히 섞여 있었다. "원피스를 입지 말걸 하는 생각이 먼저 들더라고요." 그는 언론 인터뷰에서 말했다.

도대체 원피스가 뭐길래. 사실 과거의 국회에서는 지금의 논란과 정반대로 여성 의원들에게 치마를 강제했다. 여성 의원 11명이 국회에 진출한 제15대 국회에서 이미경 당시 통합민주당 의원이 '바지 입기 운동'을 시작한 이후에야 여성 의원들은 바지 정장을 착용할 수 있었다. 바지는 여성의 사회적 진출을 의미하는 상징적인 의복이었던 것이다. 이미경 의원은 꽤 시간이 흐른 후 "당시 엄청나게 따가운 시선을 받았다"고 고백했다.

바지 입기 운동으로 여성 의원들은 남성 의원들과 같은 복장을 할 권리가 있고 실력으로 평가받을 수 있다는 정치 풍토를 만들고 싶었을 것이다. 그렇게 바지 정장은 겨우 국회의 문턱을 넘었지만, 원피스는 국회의 문턱을 넘은 순간 비난과 성희롱의 대상이 되었다. 여성 국회의원들이 바지를 입지 못했던 시대를 지나 지금은 원피스를 입으면 성희롱에 노출되는 시대가 된 것이다. 그 시대는 여성 국회의원이 같은 정당 당대표에게 성추행 피해를 당하는 시대이기도 하고, 그 피해 사실을 공론화하고 해결을 요구했다는 사실만으로 온갖 악플에 시달리는 시대이기도 하다.

국회에서 허용하지 않는 것이 바지인가 원피스인가는 다르지만 분명 그 두 시대는 같은 맥락을 공유한다. 여성 의원은 한 사람의 정치인이기 전에 한 사람의 여성으로 먼저 간주된다는 사실이다. 그들이 겪는 일들은 이 세상에서 수많은 여성이 겪는 현실과 다르지 않다.

몇 년 전에는 CGV에서 빨간 립스틱과 커피색 스타킹, 또렷한 눈썹을 복무규정에 포함시켜 논란이 된 적도 있다. 복무규정을 지키지 않은 직원들에게 '꼬질이 벌점'을 주고 내규에 따라 임금을 깎아버린 것이다. 이런 세상에서 화장을 하고 '여성스러운' 옷을 입고 출근하는 모든 여성이 100퍼센트 자발적인 의지로 그런 노력을 기울이고 있다고 보기는 어렵다. 그러한 노력에는 자의와 타의가 구분될 수 없을 정도로 복잡하게 얽혀 있기 때문이다.

젊은 여성 의원이 원피스를 입고 출근했기에 '체통을 지키지 못하고' '철이 없으며' '미성숙하고' '부족한' 존재로 취급되는 것은, 원피스를 입고 출근하는 많은 여성 직장인을 사회가 어떤 시선으로 보는지를 드러내준다. 젊은 여성 의원이 쉽게 전문성을 의심받는 것과 마찬가지로 우리 사회는 분명 이대녀를 그들의 실력이나 노력과 상관없이, 철없고 어리며 부족한 존재로 바라본다. 동시에 국회의원 역시 원피스를 입었다는 이유만으로 성희롱의 대상이 된다는 사실은 얼마나 많은 이대녀들이 직장 내 성폭력을 경험하고 있는지를 보여준다. 여전히 한국 사회에서 여성은 꾸미지 않으면 '꼬질이 벌점'을 받고, 꾸미고 오면 '직장의 꽃' 취급을 받고, 노력과 능력에 상관없이 '젊은 여자'라는 신분이 한 개인을 앞지른다.

이런 현실을 잘 알고 있던 이대녀들은 그에 저항하기 위해 꾸미는 것을 멈추었다. '탈코르셋'이라는 단어가 탄생했고, 화장품이나 '여성스러운' 옷을 버리는 인증 샷이 유행했다. 그러나 아직 폭력은 멈추지 않았다. 유명인들도 예외는 아니었다. 2021년에는 올림픽에서 금메달을 3개나 딴 안산 선수가 쇼트커트를 했다는 이유만으로 폭력에 노출되는 사건도 있었다. 그의 헤어스타일이 이슈가 되고, 그다음엔 그가 SNS에서 사용한 말투와 좋아하는 가수가 차례로 이슈가 되었다. 그것들은 그가 '페미'라는 증거로 사용되었다. 그가 사용하는 말투를 그 나이 또래 많은 여성이 대중적으로 사용한다는 사실과, 그가 자신이 가지고 있는 사상을 밝혀야 할 이유가 전혀 없다는 사실은 증발됐다. 사람들은 그가 페미일지도 모른다는 이유만으로 그의 성과와 실력을 폄훼하고 조각냈다. 남성들이 만든 기준에 부합하지 않은 사람에 대해서 이유 불문 폭력을 행사하기로 모두가 약속해버린 것 같았다.

그래서 우리는 탈코르셋 이후로 더 멀리 나아가야 했다. 탈코르셋은 여성이 꾸미지 않아도 된다는 메시지를 사회에 퍼트렸지만 거기에서 멈출 수는 없었다. 탈코르셋 이후에도 폭력이 멈추지 않는다면 룰을 바꿀 때였다. 우리에게 놓인 선택지가 우리 스스로 만든 것이 아닐 때 우리는 결국 끌려다닐 수밖에 없기 때문이다. 결국 문제는 원피스였지만 원피스가 아니었다. 화장을 했든 하지 않았든, 치마를 입었든 바지를 입었든, 그것들이 우리를 설명하는 일을 끝내야 했다. 그래서 나는 평소와 조금 다른 모습을 연출하기로 했다. 원피스를 입음으로써.

류호정 의원이 원피스를 선택했다는 이유만으로 '관종', '술집 여자'라는 말을 듣고 몸매와 얼굴 평가를 당하고 있을 때 나는 5년 만에 원피스를 입고 출근했다. 당시 나는 기본소득당 대변인으로서 국회 기자회견장에 서서 이야기를 꺼내고자 했다. 류의원과 같은 이대녀로서 이 모든 폭력이 부당함을 외쳐야 했다. 나는 나일 뿐 원피스로 취급받고 싶지 않았기에 역설적으로 원피스를 입어야 했다. 온통 언밸런스한 복장으로 기자회견장에 섰다. "원피스는 성폭력의 핑계가 될 수 없습니다." 그 이야기는 원피스와 화장이 젊은 여성 정치인의 말보다 앞서서 그들을 설명하지 않기를 바라는 마음이기도 했다. 더 나아가 내 또래 여성 직장인이 아주 흔하게 입는 출근복인 원피스를 입었다고 해서 그와 같은 폭력에 노출되지 않았으면 하는 마음이었다.

나는 더 많은 사람이 꾸미는 것을 멈추어보고 자신이 정말 꾸미는 일을 좋아하는지 다시 한번 생각해보기를 바란다. 타인이 만들어놓은 질서 바깥으로 고개를 내밀고 일탈해보는 것은 진짜 나 자신을 찾아가는 과정일 수 있기 때문이다. 제모하지 않은 다리털이 바람에 흩날리는 게 기분 좋을 수도 있고, 화장을 안 해서 얼굴이 가려울 때 마음대로 긁을 수 있는 것이 기분 좋을 수도 있다. 집에 도착해 브래지어를 풀며 느꼈던 해방감을 홍대입구역 9번 출구 앞 인산인해 속에서도 느낄 수 있다. 해보지 않으면 뭐가 나에게 더 좋은지 알 수 없다. 일단 해보고 결정해도 늦지 않다.

그렇지만 꾸미며 살아야 하는 사람들의 입장 또한 이해한다. 우리가 욕망하는 것들, 우리가 추구하는 관계, 우리의 노력과 능력은 우리가 입은 옷이나 외모보다 사회적으로 덜 중요한 것으로 여겨졌으니까. 어제까지는 머리가 짧다고 '페미' 소리를 듣다가 오늘은 원피스를 입었다고 성희롱 피해자가 되는 현실을 바꾸는 것은, 어제 바지를 입은 용혜인과 류호정도, 오늘 치마를 입은 용혜인과 류호정도 할 수 있는 일이다. 어제의 용혜인, 류호정은 오늘의 용혜인, 류호정과 동일인이다. 탈코르셋을 해야 하는 것은 우리의 몸이기도 하지만 사회가 만들어놓은 룰이기도 하다. 그 룰을 깰 때 우리는 진짜 나 자신을 조금씩 찾아갈 수 있을 것이다.

가난한 사람들의 밸런스 게임

└ 로라

어렸을 때 TV에서 모피 코트와 명품 백으로 치장한 여자 연예인이 "이런 된~장"이라는 유행어를 쓰는 것을 보았다. 나는 '된장녀'라는 말을 그 프로그램을 통해서 처음 알게 되었다. 된장녀란 분수에 맞지 않는 사치를 일삼는 여성들을 비하하는 말로, 한때 그런 공중파 코미디 프로그램에 등장할 정도로 일상적인 말이었다. 나는 그 연예인들이 황당한 상황이 발생할 때마다 "이런 된~장"이라고 말하는 것을 보면서 웃었다. 초라한 단칸방에 살며 양푼 비빔밥 같은 걸 먹으면서, 집 밖에서는 머리부터 발끝까지 명품으로 치장하고 다니는 여자들이란 정말 웃기는 존재들이었다.

이제는 '된장녀'란 말도, "이런 된~장"이라는 유행어도 한참 낡은 것이 되어버렸지만, '사치하는 여자들'이란 사상은 여전히 강력한 하나의 이미지로 남아 있다. 여자는 늘 소비하는 존재로 상상된다. 그 소비란 과도하고 사치스럽고 무의미한 것이기도 하지만, 때로는 자본주의 사회에서 극히 권장할 만하고 훌륭하며 마케팅의 시선으로 포착해야만 하는 것이기도 하다. 그러나 어느 쪽이든, 여성들이 소비하는 존재라는 이미지는 바뀌지 않는다. 여자들은 살아가고, 또 돈을 쓴다.

그러나 동시에 여자들은 돈이 없다. 성별 임금격차를 투명하게 보여주는 여러 통계들과 저임금 일자리에 포진되어 있는 여성들의 현실, 경력단절 비율 같은 것들은 여자들이 가난한 이유를 숫자로 보여준다. 2021년 고용노동부가 발표한 여성 임금 비율 통계에서는 2020년까지 여성의 월 급여액이 남성의 67.7퍼센트에 불과하다는 사실이 드러났고, 같은 해 8월 3일 〈한겨레〉가 보도한 기사에 따르면 20대 남성과 여성의 임금격차도 점점 더 벌어지고 있다. 비슷한 시기인 8월 13일 〈경향신문〉 기사에서는 임신·출산·육아로 인한 30대 여성의 고용 단절이 고착화되어 있다는 사실도 확인할 수 있다. 그 숫자들에는 동시에 현실이 있다. 여자들은 사회 초년생 때 보통 남자들보다 돈을 적게 받는 일들을 하게 되고, 설령 똑같은 일을 하게 되었다고 해도 더 적은 임금을 받는다. 그리고 여러 이유로 직장을 쉬게 되며, 그 후에는 더욱 저임금을 주는 일자리로 이동하게 된다. 고위직에 오르거나 고임금을 받는 여성들이 없지는 않지만, 극히 적다. 아마 "이런 된~장"이라고 말하던 여자들에게도 일말의 진실이 있다면, 그들이 가난하다는 사실일 것이다.

그러나 '가난한 청년'을 이야기할 때, 거의 항상 소환되는 것은 청년 남성이다. 여자친구를 사귈 수 없고, 집을 살 수 없고, 결혼할 수 없고, 아이를 낳을 수 없는 청년 남성들은 가부장의 위치를 좌절당했다는 이유로 동정받는다. 청년 여성들의 가난함은 자주 외면받는다. 혹은 결혼이나 여타의 방법을 통해서 손쉽게 극복할 수 있는 것으로 여겨진다. 그러나 청년 여성들도 충분히 가난하고, 결혼으로 신분 상승을 이루겠다는 꿈은 고루할 뿐더러 가능하지도 않다. 자본주의 사회에서는 대부분의 사람들이 언제든 낭떠러지로 밀려 떨어질 수도 있다는 불안감을 가진 채 살아가게 되지만, 여성들에게 그 낭떠러지는 더 가깝고 그 바닥은 더 깊다.

여자들이 이렇게 가난한데도 늘 돈을 많이 쓰는 존재로 상상되는 건 물론 여성혐오의 결과 중 하나이다. 사회생활을 하는 독립적인 여성에 대한 분노가 '사치스러운 여자'에 대한 이미지와 맞닿아 있다. 하지만 가끔씩 나는 여자들이 사치스러운 존재로 지목되는 것은 실은 여자들이 정말 가난하기 때문이 아닐까 하고 생각할 때가 있다. 자본주의 사회에서의 삶은 온통 소비로 이루어져 있다. 세대와 성별에 관계없이 누구나 살기 위해서는 소비해야 한다. 이런 현실은 그 소비가 생명 유지에 필수적이냐 아니냐와는 상관이 없다(실제로, 과연 남자들은 목숨을 부지하기 위해서만 돈을 쓰는가?). 그러나 여자들은 거의 언제나 돈이 없다. 그래서 비슷한 소비를 하더라도 늘 더 과도하고, 사치스럽고, 무의미하고, 자격이 없게 여겨져온 것은 아닐까.

각자 처한 상황에 따라 그 체감은 조금씩 다르겠지만, 적어도 나는 일정 거리에 항상 그 거대한 경제적 불안감이 도사리고 있다는 것을 느낀다. 학창 시절에 나는 모든 어른들이 다 각자의 경제활동을 하고 있다는 사실을 경이롭게 생각하면서(지금 생각하니 이것은 완전한 진실은 아니다), 내가 어른이 된 후 언젠가는 노숙자가 되거나 굶어 죽을지도 모른다는 생각을 했다. 어린이들도 다 각자의 방식으로 세상을 파악한다. 그때의 나는 어른이 되면 경제활동을 멈추는 순간 아무도 나를 도와주지 않는다는 것을 어렴풋이 알고 있었다. 그리고 지금도 그 믿음은 크게 변하지 않았다.

여자들을 '소비하는 존재'로 이해하고 묘사할 때, 그 안에서 여성의 경제적 불안감은 외면되거나 지워진다. 그리고 여성들이 일상적으로 처해 있는 경제적 상황도 무시되거나, '과장된 선전'으로 호도된다. 그러나 나는 그것을 분명히 감각하고 있으며, 그것과 그리 멀리 있지 않다고 자주 생각한다. 친구들과 만나면 우리는 밥을 먹고 커피를 마시고 어딘가에 앉아서 '부자가 되고 싶다'는 이야기를 나누곤 한다. 그때 우리가 말하는 부자는 상상할 수도 없는 규모의 부를 축적한 사람이 아니다. 그 부자는 매우 소박해서, 기껏해야 의식주를 걱정하지 않고 우리가 좋아하는 것들을 적당히 즐기면서 살아가는 수준의 부자이다. 그런 얘기를 하다가, 우리는 갑자기 고작 그런 평범한 것들을 쟁취하기 위해서 로또에 당첨되거나 부자가 되어야 하는 현실에 대해 분노하기 시작한다.

우리가 원하는 것은 돈 그 자체라기보다 어떤 삶의 방식이다. 불안해하지 않고, 고통받지 않으면서 살아갈 수 있는 안정된 삶. 돈은 그것을 위한 필수적인 기반이다. 많은 청년 세대 사람들에게 돈이 그 어떤 희생을 뒤로하고라도 쟁취해야 하는 최종적인 목표가 아니라, 그저 중요한 수단일 뿐이라는 현실은 최근 더욱 눈에 띄게 드러나고 있다. 어느 날 밥을 먹고 누워서 게으르게 시간을 보내고 있는데 언니가 나에게 물어본 적이 있다.

"한번 골라봐. 네가 오징어 게임에 나갔다면 혼자 살아남고 456억 원을 받을래, 아니면 모두 살아남아서 1억 원씩 받을래?"

나는 길게 생각하지 않고 후자를 선택했다. 456억 원이란 돈이 가늠이 안 되었고, 그렇게 많은 돈이 갖고 싶지도 않았다. 그리고 그 돈을 갖기 위해 400명이 넘는 사람들을 희생시킨다는 것도 평균적인 도덕성을 가진 사람의 입장에서 꺼림칙했다. 1억 원도 충분히 많은 돈인 데다 그 밸런스 게임 안에서 뭐 대단한 대가를 필요로 하지도 않았다. '평생 동안 양치 안 하기 vs. 평생 동안 샤워 안 하기' 같은 질문들보단 훨씬 대답하기 쉬웠다.

이 질문은 한 단체에서 청년 세대를 대상으로 진행한 설문 조사의 질문이었다. 〈국민일보〉 기사에 따르면 결과는 놀랍게도 (어쩌면 당연하게도) 75퍼센트가 넘는 사람들이 나처럼 모두 함께 살아남아 1억 원씩 받겠다는 선택을 했다.* 그 사람들에게도 400명이 넘는 사람들의 목숨이 자신의 손에 들어올 어마어마한 양의 돈보다 더 지켜야 할 만한 것이었을 테다. 그런데 이것은 놀라운 결과가 아니라, 사실 아주 상식적인 결과다. 당연히 돈보다는 사람의 목숨이 중요하다.

그럼에도 한국 사회의 일상이 된 불안감은 마치 대부분의 청년들이 목숨보다 돈을 중요시 여기는 것 같은 착각을 만들어내었다. 불안정한 삶을 살고 싶은 사람은 아무도 없다. 안정감이 국가가 제공하는 삶의 기본 조건이 될 수 없을 때, 한 사람의 삶은 엄청난 심리적 스트레스 상태에 놓인다. 그런 현실에서 많은 사람들은 단지 자기 한 몸만을 뉘일 안정감을 찾아 공무원 시험이나 주식, 로또, 코인 같은 것에 헌신하게 된다.

지금 한국 사회에서 안정감은 소수만이 쟁취할 수 있는 한정된 재화처럼 느껴진다. 그러나 그것은 옳은 일일까? 누구에게나

●   나성원, 〈"오징어게임 456억 혼자 받을래 나눌래" 청년들의 대답은〉, 《국민일보》, 2021년 11월 17일

안정감을 느끼며 살 권리가 있지 않나? 사기업 취직에 성공해서 돌고 도는 돈의 흐름에 진입한 사람들도 그 벌이가 평생토록 지속될 것이라고 믿기 힘들다. 게다가 대부분의 사람들이 일상적으로 마주하고 있는 업무 과중 상태는 더더욱 그런 불안감을 부추긴다. 특히 여성들은 거기서 성차별로 인한 불안감까지 떠안아야 한다.

우리는 밸런스 게임을 수없이 반복하면서, 소중한 추억, 사랑하는 사람, 가장 소중한 친구, 그리고 나의 인권과 어마어마한 양의 돈을 나란히 놓고 비교해왔다. 몇억의 돈을 받을 수 있다면 친구를 간첩으로 신고하고, 재벌의 발가락도 빨 수 있다고 말하는 사람들이 있었다. 그리고 사람들은 말도 안 된다는 듯이 웃으면서도 내심 조금은 그런 사고방식에 동조해왔는지도 모른다. 그러나 그런 밸런스 게임을 아무리 반복해도 아무도 우리에게 그런 돈을 주지 않는다. 우리가 그 선택으로 얻고 싶었던 것은 몇억의 돈이 아니었을 것이다. 단지 누구에게나 당연히 허락되어야 하는 삶의 안정감이다.

내가 기본소득을 지지하고, 그것이 현실이 되기를 바라는 것은 기본소득이 그런 삶의 가장 기본선을 지켜주는 방법이 될 수 있다고 생각하기 때문이다. 기본소득은 모든 국민들에게 아무런 조건 없이 매달 지급하는 현금을 말한다. 기본소득은 최근 전 세계적으로 관심을 받는 정치적 아이디어가 되었고, 국내에서도 관런 논의가 시작되고 있다. 그 과정에서 기본소득의 현실적 조건이나 가능성, 기본소득이 필요한 이유, 논리 등이 조금씩 제련되고 있다.

기본소득에 대한 페미니즘적인 해석들도 함께 모색되고 있다. 상시적인 경제적 불안감과 함께 살아가야만 하는 여성들에게 기본소득은 꼭 필요한 장치 중 하나가 될 수 있다. 기본소득은 여성의 협상력을 높인다. 저임금을 받으며 여러 부당한 대우들을 감내해야 하는 여성의 현실에서, 최소한의 삶을 지탱해주는 기본소득의 존재는 조금 더 새로운 선택을 가능하게 한다.

나에게도 기본소득은 새로운 상상력이었다. 나는 기본소득이라는 개념을 알게 된 후 처음으로, 노숙자가 되거나 굶어 죽는 것을 두려워하지 않는 삶의 방식을 상상하게 되었다. 경제의 가장 밑바닥에서도 누군가 나에게 꾸준히 돈을 줄 거라는 믿음은 나의 인식이 크게 움직이는 경험이었다. 그래서 나도 기본소득을 받고 싶다. 기본소득을 받는다면, 언제나 내 등 뒤에 도사리고 있는 것처럼 느껴지는 경제적 불안감과 조금 거리를 둘 수 있을 것이다. 조금 실패해도 망하지 않을 거라고 믿을 수 있을 것이다. 우리는 가난하지 않게 될 것이다. 안정감을 얻을 수 있을 것이다. 나는 기본소득이, 그리고 스스로 선택할 수 있는 삶이 기본이자 상식이 된 사회를 기다린다.

우리 자연사하자

└ 신민주

2020년 말, 일주일에 한 번씩 정신과 병원에 출석했다. 카페에도, 서점에도, 식당에도 없는 코로나 시대의 유일한 호황이 정신과 병원에 있었다. 예약을 하고 제시간에 도착해도 환자들로 미어터졌다. 멍하니 30분에서 1시간 동안 앉아 차례를 기다리고 있을 때면 죄다 다른 사람의 눈을 피한 채 멍하게 앉아 있는 환자들이 눈에 보였다. 그중에는 나와 비슷한 또래 여자들도 많았다. 20대 여성 우울증에 대한 기사가 매일 쏟아지던 시기이기도 했다. 신현영 더불어민주당 의원이 국민건강보험공간의 건강보험 청구 자료를 분석한 결과, 2020년 상반기 20대 여성 우울증 환자는 2019년 상반기 대비 39.5퍼센트 증가했다. 같은 병원에 앉아 있던 젊은 여자들도 나도 그 통계에 잡힌 1인이었을 것이다.

푹신한 소파에 앉아서 그들을 볼 때마다 나는 한 가지 고민에 빠졌다. 왜, 다들, 우울해진 것일까? 정신과 병원 소파에 앉기 전부터 나는 내가 결국 우울증과 무기력함으로 직장을 퇴사하게 될 것을 이미 직감하고 있었다. 화장실에 숨어서 울고, 아무도 들락거리지 않는 계단에 앉아 울고, 다시 세수를 한 후 아무렇지도 않은 척 돌아오는 시간들이 이어졌다. 도저히 사무실에 앉아 있을 수 없는 날은 연차를 쓰고 집에 가서 하루 종일 울었다. 이 모든 일이 '정상적'이지 않다는 사실쯤은 알고 있었다. 정신과 병원 속 여자들도 그런 시간을 겪었을까. 몸과 마음이 지쳐 더 이상 무엇인가를 할 의지가 바닥났을 무렵에서야 나는 마지막 퇴근을 할 수 있었다. 마지막 퇴근길에는 내가 포기한 것과 다시는 가질 수 없는 것들이 머리에 뱅글뱅글 돌았다. 그러다 스스로에게 물었다. 이것조차 못 버티는 사람이 다른 일을 할 수 있을 거라 생각해? 스스로에게 한 날카로운 질문에 대답할 용기가 도저히 나지 않았다. 그 용기가 없었기에 퇴사를 선택했던 것일지 몰랐다. 병원 소파에 앉아 다른 젊은 여자들을 둘러보고 있을 때면 그들도 각자 자신에게 비슷한 질문을 했을지 궁금했다.

스스로에게 모난 말을 하지 않았더라도 그 젊은 여자들은 사회로부터 모난 말들을 들었을지도 모른다. "너무 예민한 거 아니야?" 우리는 그 말을 너무 흔하게 듣고 사니까. 왜 그토록 많은 젊은 여자들이 우울해졌는지 아무도 궁금해하지 않는 것 같았다. 그냥 여자들은 멘탈이 약하고 나약해서 그렇다 여기는 것이 많은 사람들에게 훨씬 편한 일로 여겨지는 듯했다. 나는 우울해서 아프고, 사랑하는 일들을 포기하며 사회의 주변부로 밀려날 때 존재하지 않는 사람이 된 것 같다는 느낌을 받았다. 다친 나는 있었지만, 다치게 한 것들은 사라졌으니까.

나는 우울해서 아팠지만 그 우울을 받아들이지 않는 사회와 공간들 때문에 더 다쳤다. 치료받고 돌아오라고 모든 사람이 말했지만 나의 고통을 듣지 않는 배경이 바뀌지 않는다면 나는 언제라도 다시 우울해질 수 있음을 알고 있었다. 우울은 개인이 느끼는 것이지만 그것을 만들어내는 것은 사회이기도 했다. 소파에 앉아 있는 젊은 여자들도, 고통을 쏟아내던 나도 비슷했을 것이다. 과연 우리가 아프다는 사실을 우리 사회가 인정이라도 하고 있는지 의심스러운 나날이었다.

1년 동안 매주 정신과 병원에 다니며 알게 된 사실은 20대 여성 자살률, 혹은 우울증 급증이 어제오늘 문제가 아니라는 사실이었다. 그 문제는 코로나 시대에 갑작스럽게 나타난 것이 아니라 코로나 시대에 발견된 문제에 가까웠다. 코로나는 우울의 한 가지 계기가 될 수는 있지만 유일한 원인이 될 수는 없었다. 코로나 이후 수면 위로 드러난 많은 문제들이 새롭게 생겨난 것이 아니라 이미 있었던 문제들이 고개를 든 것에 불과했다는 불편한 진실과 마찬가지였다.

이미 여러 학자들은 코로나 이전인 2019년부터 끊임없이 20대 여성 자살률 증가에 우려를 표하고 있었다. 같은 연도에 출생한 사람들의 자살률이 얼마나 유사한 양상을 보이며 이 집단이 다른 출생 연도 사람들과 얼마나 다른지를 분석했을 때(즉 코호트 효과로 분석했을 때), 2019년에 이미 20대 여성 자살 증가율은 유럽의 전쟁 세대나 체제 붕괴 시기를 살았던 세대에서 나타난 것과 비슷했다.* 그러나 20대 여성 자살률은 코로나 이후 걷잡을 수 없이 늘어나고서야 사회의 조명을 받았다. 물론 그마저도 매우 미약한 조명이었기 때문에 금방 사람들의 머릿속에서 잊혔다. "원인 불명의 미스터리한 일"로 취급받으면서 "어쩔 수 없는 일"이 되었다.

이 문제를 해결하기 위한 시도가 아예 없었던 것은 아니다. 20대 여성 자살률 문제에 대해 의회에서 발언하려고 자료를 요청했던 이들이 있었다. 2021년 4월 황은주 대전 유성구의원을 시작으로 광역·기초의원들이 릴레이로 문제 해결을 촉구하는 의회 발언을 이어나갔다. 그런데 역설적으로 이 발언이 진행되고 준비되는 과정 자체가 20대 여성 자살률 증가의 원인을 드러내기도

---

* 장숙랑, 백경흔, 〈2019 청년 여성의 자살 문제〉, 사회건강연구소, 2019.

했다. 황선화 성동구의원이 20대 여성 자살률 통계를 보건소 등에 요청했을 때 "관련 통계를 여러 경로로 탐색하였으나 찾을 수가 없었습니다"라는 답변을 들었다. 여성가족부 국장도 질의에 "통계가 없다"라고 답했다. 수많은 20대 여자들이 죽어가고 있는데 제대로 된 통계조차 없었던 것이다.

릴레이 발언에 참가한 의원들은 악플에 시달렸다. "너희도 군대 가라", "여자 남자 갈라치기 하지 마라", "배부르고 등 따스워 그렇다." 누군가가 끊임없이 죽고 고통받는 문제는 그 대상이 젊은 여성일 때 '배부른 소리'가 되었다. 동료 의원들의 반응도 부정적이었다. "1년 뒤 선거에 불리하다"라는 말이 조언을 가장하여 자연스럽게 이야기되었다. 그러니까, 20대 여성 자살률 급증에 대해 많은 정치인들은 무관심했거나 드러내서는 안 되는 일로 취급했다.

여성의 고통은 '갈라치기'라는 비난의 대상이 되기도 했지만, 정반대로 낭만화되기도 했다. 수많은 영화에 나오는 여성 캐릭터의 고통은 남성 캐릭터의 각성을 위해 이용되기도 했다. 누나나 여동생, 애인이 겪는 성범죄 등으로 각성한 남성 캐릭터가 복수를 결심한다는 소재는 한국 영화의 단골 소재가 되었다. 사람들은 분노하는 남성 캐릭터에 감정이입을 했지만, 현실에 나오는 수많은 여성 폭력에는 침묵했다. 이야기의 주체는 남성 캐릭터였고 여성 캐릭터는 도구에 불과했다.

나는 20대 여성의 고통을 성차별과 별개의 영역으로 다룰 수 없다고 생각한다. 당장 주변만 봐도 그렇다. 우울증으로 폐쇄병동에 다녀온 지인은 그곳에서 수많은 여성 폭력 피해자를 만났다고 말했다. 나보다 나이 많은 남성 상급자들에게 조직의 구조 개편을 수없이 많이 요구했다가 거절당했을 때, 나는 20대 여성으로서 내 주변의 시스템조차 바꿀 수 없다는 무력감을 느껴야 했다. 트위터에서는 하루가 멀다 하고 젊은 여성이 경험한 폭력 사건에 대한 청와대 국민청원에 참여해달라는 트윗과 해시태그가 올라왔다. 누구는 살해당하고, 누구는 맞고, 누구는 성폭력을 경험하며, 누군가는 어렵게 취업한 직장에서 차별을 경험한다. 이것은 정말 '갈라치기'의 문제일까?

20대 여성 우울증은 반드시 사회문제로 조명되어야 한다. 여성 자살예방 상담을 강화하고 심리 안정을 위한 모임과 활동을 지원하겠다는 정부의 대책은 우울한 20대 여성에게 조금은 도움이 될지도 모르나 우울을 야기하는 사회를 바꾸는 데는 턱없이 모자라다. 이미 우울함을 느끼는 사람을 돕는 것도 중요하지만 젊은 여성들이 우울해지지 않는 사회를 만드는 것도 필요하기 때문이다. 오히려 여성 우울의 특수성은 서울시 여성자살방지 게시판이 오픈하자마자 800개가 넘는 남성들의 항의 글이 올라온 사건으로 인해 더욱 잘 드러나는 것 같기도 하다. 젊은 여성들의 고통은 충분히 공감되지 못하고, 오히려 규탄의 대상이 된다는 것을 확연히 보여준 사건이었으니까.

정책을 만드는 사람들이 여성 우울증을 해석할 수 없는 일로 놔두는 대신, 우울한 당사자들을 찾아가 조금이라도 그들의 이야기를 들으려 했다면 어땠을까. '나의 몸은 나의 것'이라는 이야기, 경력단절과 독박육아 문제를 해결하라는 요구, 코로나 시대에 해고 0순위가 된 여성 노동자들의 현실을 개선하는 일, 성폭력과 페미사이드°의 해결, 성별 임금격차와 채용 성차별 해소 등 이미 오래전부터 이대녀들이 하고 있는 이야기들을 경청했더라면 정치권에서는 젊은 여성 우울의 원인에 쉽게 다가갈 수 있었을 것이다. 그것은 우울의 책임을 이대녀에게만 전가하지 않는 것으로부터 시작해야 한다.

동시에 나는 이대녀들이 사회 탓을 더욱 많이 하기를 바란다. 우리를 우울하게 만드는 것이 우리 내면의 문제만은 아닐 것이기 때문이다. '내가 좀 더 참았으면', '내가 조금만 더 견뎠으면', '내 멘탈이 조금 더 강했으면'이라는 생각은 이대녀의 우울을 개인의 문제에만 머물게 만들 것이다. 꼭 나 자신을 위해서만이 아

° 'female'과 'homicide'의 합성어로 남성에 의한 여성 살해를 뜻한다.

니다. 사랑하는 사람을 구하기 위해서라도 우리의 마음으로 향했던 과녁을 사회로 돌려야 할 것이다. 내 곁의 사람들이 더 이상 우울하다는 이유로 세상을 먼저 떠나길 바라지 않는다. 우리, 꼭 자연사하자.

가해자의 죽음을 추모한 사람들

└ 로라

　　　　　　　　　　예전에 어떤 뒤풀이 자리에서 누
군가 나에게 물어본 적이 있다. 정치가 뭐라고 생각하냐고. 우리
는 어떤 정치적 사안에 대한 이야기를 하고 있었고 우리의 입장
과 말들은 미묘하게 어긋나고 있었다. 그 사람은 나이가 아주 많
았고, 나는 훨씬 어렸다. 아마도 현실 정치에 대한 지식과 경험도
그 사람이 나보다 훨씬 많았을 것이다. 나는 그 질문을 듣고 조
금 주눅이 들었지만 어쨌든 대답했다. 정치란 약한 사람을 돕는
거라고. 그때 그 자리에 앉아 있던 다른 선배가 나에게 대답했다.
"그건 아니야." 그는 자신보다 아주 짧은 삶을 산 존재를 가엾어
하는 듯한 눈빛으로 내게 말했다. "정치는 그런 게 아니야." 그는
정치가 때로 가혹한 선택을 필요로 한다는 말을 하고 싶었던 것
같았다.

　　박원순 전(前) 서울시장의 죽음과 그 이후의 흐름을 바라

보며, 나는 '그런 게 아닌 정치'에 대해서 가끔씩 생각해보았다. 2020년의 어느 여름날, 뉴스에서 박원순 전 서울시장이 죽었다는 소식이 보도되었다. 누군가가 죽었다는 소식은 언제나 놀라운 법이지만, 그 사건은 아무런 사전 정보가 없었기에 더욱 난데없이 느껴졌다. 그 죽음이 보도된 후에야 나는 그가 성추행 혐의로 고소당한 상황이었다는 사실을 알게 되었다.

그의 장례식은 서울특별시장으로 치러졌고, 여러 정치계 인사들이 추모의 뜻을 표했다. 사람들은 그의 죽음을 안타까워하며 그의 정치적인 업적을 기렸다. 그가 이미 사망했기 때문에 성추행 혐의 수사는 더 이상 이루어질 수 없었는데, 그것을 빌미로 더불어민주당은 피해자를 '피해 호소인'이라고 불러야 한다고 주장했다. 그건 박 전 시장이 가해자가 아닐 가능성을 조금이라도 남겨두기 위해서로 보였다. '호소'라는 말에는 피해가 증명되지 않았다는 의심이 가로놓여 있었다.

그런 일들이 벌어지는 동안, 내 주변 친구들 사이에선 어떤 명단이 공유되고 있었다. 공식적으로 박 전 시장에 대한 추모의 입장을 표현한 사람들의 명단이었다. 이 사람이 페이스북에 추모 글을 올렸대. 또 이 사람은 트위터에 추모 글을 올렸대. 이 사람은 어떤 방송에서 추모의 말을 했대. 어떤 사람이 공개적인 장소에 추모의 뜻을 표하는 순간, 나는 마음속으로 어떤 판단을 마쳤다. 그가 성평등에 대해 아무런 이해가 없고, 성평등 정치에도 아무런 관심이 없을 것이라는 판단이었다. 추모 글을 올리는 것은 분명하게 그런 입장 표명으로 보였다. 그 사람이 보수 정당의 정치인이든, 진보 정당의 정치인이든 다르지 않았다.

한 공동체가 어떤 성폭력 사건을 마주했을 때 기본적으로 고려해야 하는 윤리라는 것이 있다. 한때 나는 친구들과 여러 책을 읽으면서 그 윤리가 어떤 것인지 공부했다. 성폭력 사건에 대한 여러 실제적인 경험과 고민을 바탕으로 쓰인 그 책들은, 성폭력 사건이 단지 가해자와 피해자의 개인적인 관계의 문제가 아니라 이 공동체가 오래도록 축적해온 불평등한 문화의 결과물이기도 하다고 말했다. 그래서 공동체는 사건을 개인적인 영역에 남겨두면 안 되며, 공론장에서 계속해서 이야기하고, 공동체의 문화가 어떻게 바뀌어야 하는지 논의해야 한다고 말했다.

그런 공부를 했던 이유는, 그것이 단지 책 속의 번드르르한 말이 아니라 우리에게 당장 필요한 정보였기 때문이다. 당시 내가 다니던 대학에선 과 활동을 하지 않고도 얼마든지 학교에 다닐 수 있었고, 학생회 투표율은 언제나 저조했다. 동아리나 학회에 소속되어 소속감을 느끼다가도 떠나고 싶어지면 언제든 떠날 수 있었다. '공동체'라는 테두리가 희미한 그 공간에서는, 어떤 사건이 일어나도 별로 이야기되지 않았다. 그냥 조용히 그 개인이 그 사건을 끌어안고 그 공간을 떠났다. 공론화되지 않는 것. 침묵 속에 남겨지는 것. 그것도 피해자를 고립시키는 하나의 방식이었다.

성폭력 사건에 대해 이야기하는 건 언제나 무겁고 어려운 일이다. 그러나 그 어려움이 피해자를 위하는 마음이라면, 우리는 어려움과 두려움에도 불구하고 그것이 얼마나 잘못된 일이었는지 계속해서 이야기해야 한다. 피해자를 지지하는 언어들을 충분히 만들 필요가 있다. 하지만 박원순 전 서울시장 사건에서는, 사건에 대해서는 침묵하되 가해자에 대해서는 너무 많이 말했다. 그가 얼마나 훌륭한 사람이었는지, 얼마나 대단한 업적을 남겼는지에 대해서 사람들이 너무 많이 말했다. 그들은 그것에 대해 말하면서 사실은 사건에 대해 말하고 있었던 것이다. 그 사건이 정말 있었던 게 맞냐고, 피해자가 거짓말을 하는 것은 아니냐고 말하고 있었다.

수없이 많은 추모의 말들 속에서 명단은 점점 길어지기만 했고, 어느 순간 우리는 그런 명단을 만드는 게 별 의미가 없다는 걸 알게 되었다. 추모의 마음을 가진 사람은 한두 명이 아니었고, 그들은 그런 걸로 자신이 어떤 입장 표명을 하고 있다고 생각하는 것 같지도 않았다. 성추행은 성추행이고, 업적은 업적. 최소한 성추행이 '정말' 일어났다고 증명된 것도 아니지 않느냐고, 정말 많은 사람들이 그렇게 생각하는 것 같았다.

2020년, 대통령은 페미니스트임을 자처하고 여러 정치인들이 온갖 성평등 담론들을 들먹였지만, 결국 정치권의 표준은 딱 거기에 있었다. 성추행 사건의 가해자로 지목된 사람을 너무 쉽게 "민주주의의 큰 별"이라고 부르는 표준. 그것은 어리석은 몇 명의 문제가 아니라 정치권 내에 전반적으로 흐르는 감성이었다.

대학에서 활동할 때는 주로 20대 남성들과 부딪치는 일들이 많았다. 대학 페미니즘 활동을 할 때 우리의 활동을 힘들게 만들었던 사람들도 대부분 20대 남자였고, 거의 죽어버린 학생 자치의 공간을 차지하고 있는 사람들도 대부분 20대 남자였다. 온갖 페미니즘 기구들을 폐지하자고 한 사람들도, 그 목표를 이루기 위해 총투표를 발의한 사람들도, 수업 시간이나 에브리타임 게시판에서 페미니즘을 비하하거나 페미니스트들을 욕하고 위협하는 사람들도 대부분 20대 남자였다.

성폭력 사건에 대한 전형적인 2차 가해 발언들도 20~30대 남성이 자주 사용하는 사이트들에서 주로 나왔다. 피해자를 비난하고, 성폭력의 개념 자체를 무시하고, 가해자를 동정하는 2차 가해적 발언들이 여러 사이트에서 아무런 제재 없이 쏟아져 나왔다. 그리고 20~30대 남성에게 하나의 세대 문화처럼 자리 잡은 안티페미니즘의 감성과 논리는 2차 가해에도 어김없이 활용되었다. 분명한 가해 사실이 밝혀지기 전까지는 무죄로 대우해야 하는 것이 아니냐며, 왜 성폭력 사건은 고발되는 순간부터 가해자를 나락으로 빠뜨리느냐는 분노는 명확하게 성폭력 사건 해결을 위한 페미니즘 운동사를 향하는 것처럼 보였다.

페미니즘 운동이 가해자를 나락에 빠뜨리는 데 집중해왔다는 사실부터가 오해지만(페미니즘 운동이 가해자에 대해 달성하고 싶은 목표가 있었다면 그건 적절한 처벌과 재발 방지 대책일 것이다), 고발만으로 정말 나락에 빠지는 것인지도 의문이다. 공인에 대한 성폭력 고발이 있은 후에 피해자를 적극적으로 공격해서 피해자를 '믿을 수 없는 사람'으로 만들어온 전사가 이미 많이 있었고, 박원순 전 서울시장의 성폭력 사건에서도 예외가 아니었다. 그들은 가해자를 완전한 무죄로 추정하고자 할 때 자연스럽게 피해자를 '무고죄의 가해자'로 상정하게 된다는 사실은 외면한다. 무죄 추정의 원칙이 그토록 중요한 것이라면, 왜 피해자는 그 대상이 될 수 없을까? 왜 피해자는 폭로와 고발의 순간부터 거짓말쟁이라는 인식과 싸워야 하는 것일까? 이런 질문에 2차 가해자들은 대답하지 않았다.

이런 방식의 2차 가해도 난무했지만 정치권은 훨씬 '고상한' 방식으로 그렇게 했다. 성폭력 사건에 대해 침묵하고, 가해자를 추모하고 기리는 방식으로 말이다. 이것도 피해자를 의심하고 압박하는 직접적인 2차 가해와 다를 것이 없었다. 누군가의 죽음을 추모한다는 것은 언제나 정치적인 행위이다. '정치적인 행위가 아니'라고 말하는 것조차 정치적인 행위였다.

정치권 내 여러 성폭력 사건들이 반복되는 동안, 조용히, 때로는 젠틀한 것처럼 여성 담론에 대해 이야기하던 오대남들도 성평등 의식에서 안티페미니스트들과 크게 다르지 않다는 사실이 드러났다. 아니, 오히려 그런 사고방식으로 정치권에서 권력을 가지고 영향력을 끼친다는 점에서 더 문제적인 것 같기도 했다. '박원순의 죽음을 추모한 사람들' 명단에 계속해서 이름을 올리고 있는 수많은 50대 남성 정치인들은 어쩌면 어디선가 여성의 문제가 중요하다고, 여성은 힘이 강하다고, 여성의 말을 들어야 한다고 말했을 수도 있을 것이다. 하지만 동시에 그가 죽어서 너무 안타깝다고도 말할 수 있다. 그것이 그들이 말하는 '정치'의 현실이었다.

'그런 게 아닌 정치', 가혹한 선택을 필요로 하는 정치는 그들의 정치다. 예전에 선배가 나에게 "정치는 그런 게 아니야"라고 말했을 때 나는 아무런 대답도 하지 못했다. 그러나 나는 어렴풋이 알고 있었다. 그들이 말하는 '그런 게 아닌 정치'에 나의 자리는 없다는 것을. 박원순 전 서울시장을 추모하고 그의 성폭력 가해 사실을 '거짓 미투'라고 폄하하는 것이 그들의 정치라면, 그를 추모한 사람들의 명단을 만들고 피해자를 지지하는 것은 우리들의 정치였다. 물론 이대녀들의 정치를 궁금해하는 사람은 많지 않은 것 같다. 최소한 그런 것이 존재하고 있다는 사실조차 잘 모르는 것 같다. 우리는 변덕스럽거나, 이해할 수 없거나, 궁금하지도 않거나, 중요하지도 않은 의제들에 휩쓸려가는 중요하지 않은 존재로 여겨졌다. 그러나 우리는 계속 우리의 정치를 하고 있었다. 그리고 나는 우리들의 정치가 훨씬 중요한 정치라고 생각한다.

기성세대 정치인들은 여전히 정치를 진보와 보수의 이분법으로 바라본다. 보수 성향의 정당을 경계하기 위해서는 진보 성향의 정당에 지지율을 모아줘야 한다고 너무 쉽게 생각한다. 거대 진보 정당을 민주주의의 마지막 보루라고 이야기하면서 그 외의 사안은 '나중에' 생각해도 된다고, 정치가 대의를 위해 무언가를 포기해야 한다고 말한다. 그러나 그 정치가 포기하는 것이 바로 우리의 삶이라면, 우리는 어떻게 그 정치를 신뢰할 수 있을까? 어떻게 그 정치의 일원이 될 수 있을까? 이대녀는 어떻게 정치의 주체가 될 수 있을까? 이대녀들의 삶은 정치의 안에서 충분히 고려되고 있는 것일까? 정치가 가장 고통받고 있는 가장 약한 개인을 외면한다면 진보고 보수고 무슨 소용일까?

이런 이야기를 하면 50대 정치인들은 혀를 찰 것이다. 현실을 모르고 이상주의에 물들어 있다고 얘기할지도 모르겠다. 그들은 그들이 살아낸 현실에서 그런 믿음을 갖게 되었을 것이다. 그러나 나에게도 나의 현실이 있다. 그리고 나의 현실에서 성평등은 이상주의가 아니다. 그것은 현실과 가장 가까운 정치다. 그리고 온갖 2차 가해와 마주해야 했던 정치권 성폭력 피해자들의 현실과 밀접한 의제이기도 했다.

누군가 지금 나에게 정치가 뭐냐고 다시 묻는다면, 나는 그것을 설명하기 위해 애쓰지는 않을 것이다. 우리는 선택지가 거의 없는 상황에서도 항상 우리의 정치를 하기 위해 노력했다. 정말 심문받아야 하는 정치는 성폭력 가해자의 죽음을 추모한 사람들의 것이다. 자신이 했던 정치가 무엇인지 직시해야 하는 건 그들이다. 거기에 성차별이 있고, 안티페미니즘이 있고, 형편없는 성인지 감수성이 있고, 정치가 무엇이냐에 대한 비루한 상상력이 있다.

정치판에도 송은이가 필요하다

└ 신민주

다른 많은 젊은 페미니스트들처
럼 나도 트위터 계정을 여러 개 가지고 있다. 하나는 나의 얼굴과
이름을 밝힌 채 운영하고 있고, 다른 하나는 철저하게 계정 운영
자가 나라는 사실을 감추고 운영하고 있다. 나의 익명 계정은 과
거에 운영한 트위터 계정을 지우고 만든 것이다. 과거에 운영했던
계정에는 너무 많은 개인사와 부끄러운 일기들이 쓰여 있었기 때
문에 나는 원래 있던 계정을 삭제하고 새 계정을 만들며 나의 이
야기를 최대한 새로운 계정에 담지 않으면서도 내가 하고 싶은
이야기를 담아야겠다고 생각했다.

코로나 확산과 관련된 이야기, TV 프로그램이나 예능에 대
한 생각, 고양이 등 동물에 대한 내용들을 그 계정에 썼다. 아무
도 관심 갖지 않는 계정이었지만 시간이 흐르자 내 이야기에 동
조하는 사람들이 생겼고, 트친이라 부를 만한 사람들도 생겼다.

계정에 애착을 가지면 가질수록 나는 더 열심히 하고 싶은 이야기들을 썼다. 어차피 익명 계정이기 때문에 애써 친절하거나 착해 보이는 말투를 사용하지 않았다. 여러 주제에 대해 대부분 거친 말투의 트윗들이 올라갔다. 어느 날인가는 정치에 대한 이야기도 꺼냈다. 정당과 의원실에서 일할 때도 그 계정을 운영했으니 자연스러운 일이었다. 그런데 어느 순간 내가 쓴 몇 개의 정치 관련 트윗이 논란의 한가운데에 서게 되었다는 사실을 깨달았다.

처음 사람들이 문제 삼은 것은 내가 사용하는 말투였다. 별 생각 없이 쓴 말투였는데 몇몇 사람들이 나의 성별을 남성으로 추측했다. 그다음에 사람들은 내가 사용한 몇 가지 표현들을 문제 삼았다. 그러다가 어느 날인가 더불어민주당의 정책을 비판하는 트윗을 올리자마자 많은 사람들이 몰려와 욕을 하고 손가락질을 했다. 그들은 내가 극우 사이트로 간주되는 일간베스트 유저가 분명하다고 주장했다. 국민의힘 정책을 비판하는 트윗을 올렸을 땐 많은 사람들이 왜 더불어민주당을 비판하는 것처럼 강하게 비판하지 않냐고 욕을 했다. 무슨 글을 올려도 욕을 먹는다는 사실을 알아챈 후에는 화가 나서 더불어민주당도 국민의힘도 지지하지 않는다고 말을 했다. 그러자 욕을 하던 사람들이 다시 나에게 돌아와 정치를 알지도 못하면서 입을 나불거린다고 또 욕을 했다. 그들의 말 속에서 나는 정치를 잘 알지 못하면서 입을 나불거리는 20대 남자 일간베스트 유저가 되었다.

그런데 나는 20대이긴 했지만 남자는 아니었고 일간베스트 회원도 아니었다. 정치를 모른다고 하기에는 나는 정당에서 일을 했었고 국회 보좌직원으로도 일을 했었다. 정치를 알지도 못하는 무식한 사람이라는 욕을 먹을 때면 어처구니가 없어서 웃음이 나오기도 했다. 어떤 말을 해도 내 트윗은 그들의 입속에서 편집되고 훼손되어 퍼질 것이라는 사실을 머지않아 알게 되었다. 그들은 내가 조금이라도 틈을 보일 때를 기다릴 것이고, 그것은 영원히 캡처되어 박제된 채 인터넷을 떠돌 것이다. 그때쯤 계정을 접어야 하나 고민이 되기 시작했다.

많은 이들의 머릿속에서 페미니즘은 '정치'다운 것이 아니다. 아무리 페미니즘에 대해 유의미한 말을 해봤자 정치를 모른다는 욕을 먹는 게 현실이다. 단지 트위터 내부 이야기만은 아니다. 지금은 떠나온 정당이지만, 예전에 몸담았었던 정당에서 비슷한 이야기들을 들은 적 있었다. "공부 좀 하세요. 멍청한 소리 하지 말고." 그 이야기를 들은 순간을 잊을 수 없다. 상대방의 이야기에 동의하지 않는다고 했을 때 들은 이야기였다. 내가 한 이야기들을 자르고 왜곡해서 게시판에 올리는 당원들도 있었다. 페미니즘에 대한 행사를 열었을 때 그들은 내가 특정한 이익을 위해 페미니즘을 주장하고 있다는 기상천외한 주장을 펼쳤었다.

그때의 나는 분명 지금보다는 노련하지 못했을 것이다. 정치를 시작한 지 얼마 되지 않았고, 의욕이 능력보다 앞섰던 시기였기 때문이다. 그러나 그때 내가 주장한 것들과 지금 내가 믿는 것들은 크게 다르지 않다. 지금처럼 그때도 페미니즘을 사회에 관철시키고 싶었고, 그 전에 내가 있는 공간에서 페미니즘을 자유롭게 말하고 싶었다. 그래서 나는 그들을 이기고 싶었다. 더 많은 사람들을 설득하기 위해 새벽 2시, 3시까지 지겨운 옛날이야기를 들으며 술자리에 앉아 있기도 했고, 전국 순회를 하며 당원들을 만나기도 했다. 새벽까지 토론문을 쓰기도 했다. 페미니즘에 동의하는 한 줌의 당원들과 모여 자정까지 매주 토론도 했다.

그렇지만 아무리 노력해도 나는 경험 없는 20대 여자애로 취급됐을 뿐이며 페미니즘 같은 '극단적인 학문'을 추구하는 사람으로 받아들여졌다. 술자리에서 모든 중요한 일이 결정되는 정치, 페미니즘을 필요에 따라 액세서리처럼 붙였다 뗐다 할 수 있다고 믿는 정치에서 내가 얻을 것이 없다고 느꼈다. 그때쯤 정치를 모조리 그만두고 싶을 만큼 지치기도 했었다. 나는 더 이상 바꿀 것이 없는 그 정당을 탈당했다.

사실 나도 먼저 길을 닦아놓고 나를 밀어주는 든든한 지원군을 가지고 싶었다. 나의 어설픔과 노련하지 못함을 손가락질하기보다 감싸주고, 더 나은 방향으로 나아갈 수 있도록 도와주는 사람들이 있으면 좋겠다고 생각했다. 그런데 많은 공간에서 그런 지원군은 존재하지 않았다. 다들 이미 나가떨어졌거나 적당히 타협하고 사느라 나를 도와줄 새가 없었다.

청년 남성은 정치의 영역에서 잘못하더라도 재기하기 쉬웠지만, 청년 여성은 그렇지 않았다. 페미니스트 정치인이 너무 한 줌이기 때문에, 젊은 여성 정치인을 찾아보기 어렵기 때문에 모두 엄청난 대표성을 몸에 지닌 채 살아야 했다. 한 명 한 명의 실수는 크게 부풀려졌고, 모든 청년 여성의 실력을 의심해도 될 만한 증거로 사용되었다. 아무리 잘하더라도 젊은 여성 정치인들의 이야기는 원치 않게 조각나고 이어 붙여지며 왜곡되기 일쑤였다. 타투 노동자들을 위한 입법을 위해 국회 내에서 타투 스티커를 붙여준 류호정 의원이 내가 본 많은 암울하고 우울한 기사들 댓글에 빠짐없이 소환되며 "사회가 이런데 한가하게 타투나 하고 있나!"라고 욕을 먹었던 것처럼.

좋아했던 소수의 페미니스트 정치인들이 내가 도저히 지지할 수 없는 안티페미 공약을 들고 온 후보들의 선거 캠프에 들어가는 것이 예전에는 너무 이해가 되지 않았다. 그런데 시간이 지날수록 그런 선택들을 왜 하는지 이해가 될 것도 같았다. 여자들이 깐 판이 없는 한, 다른 게임판의 말이 되는 것은 필연적인 선택일지도 모른다. 그러나 나는 비슷한 선택지를 택하고 싶지는 않았다. 적당히 타협해서 높은 자리에 오른 후에 하고 싶은 이야기를 하면 된다는 말이 쉽게 믿어지지 않았기 때문이다. 정말 그렇게 성공하고 나면 우리가 하고 싶은 이야기를 할 수 있는 순간이 오는 것일까. 그때까지 기다리느라 우리가 침묵하게 된다면, 후대의 이대녀들은 지원군 없는 세상에서 또다시 어떻게 살아가야 할까. 우리는 그들에게 어떤 의미로 남게 될 것인가.

아마 비슷한 고민을 많은 이대녀들도 하고 있을 것이다. 정치판이 아니더라도 비슷한 일은 직장에서, 사회에서, 하다못해 소수가 모인 모임에서도 일어나기 때문이다. 언젠가 친구들과 술을 마시다가 "우리는 무엇을 위해 이렇게 고생하고 있는 걸까?"라는 말을 들었던 것처럼 가끔은 우리가 믿었던 것들을 모조리 의심하게 되는 날들도 있을 것이다. 그렇지만 나는 많은 이들이 자신을 믿고 나아가기를 바란다. 사회는 끊임없이 젊은 여성을 후려치겠지만, 욕을 먹어도 하고 싶은 이야기를 하는 것이 욕먹을 것이 두려워 하고 싶은 이야기를 멈추는 것보다 훨씬 재미있다. 우리가 만들고자 하는 길은 아직 한 번도 누가 만들어본 적이 없기 때문에 고단한 것일 뿐이다. 그것은 우리의 능력 탓이 아니다.

선택은 개인의 몫이겠지만, 나는 여자들이 판을 깔기 위해 앞으로도 많은 시도를 해보았으면 좋겠다. 신념과 권력, 둘 중 하나를 포기하기를 종용하는 사회는 너무 지겨우니까. 각자의 방식으로, 각자의 속도로 하면 된다. 때로는 어설프고 때로는 의욕만 앞설 수도 있겠지만, 우리가 서로의 지원군이 될 수 있다면 우리의 실수는 성장 가능성이 되어 돌아올 것이다. 과거를 돌아볼 때, 게임판의 말이 되지 않고 룰을 정하는 사람이 되기 위해 노력했던 일들은 늘 새롭고 낯설었지만 재미있었다. 그 재미있는 일을 하기 위해 나는 이전에 있던 당을 박차고 나와 새로운 정당을 만들어보기도 했고, 출마를 해보기도 했고, 지금 이렇게 책을 쓰고 있기도 하다. 당연히 엄청나게 욕먹는 트위터 계정도 계속 운영 중이다.

그러니까 요약하자면 정치판에도, 직장에도, 사회에도, 학교에도 판을 까는 여자가 필요하다. 불과 10년 전만 해도, 아무도 송은이가 연예계에서 여자들의 판을 깔 것이라 예측하지 못했다. 그러나 그는 마침내 새로운 길을 개척했다. 남들이라면 틀렸다고 말했을지도 모르겠지만 그는 후배들의 아이디어에 대해 거침없이 "해보자!"라고 외쳤고, 그런 시도가 아무도 해치지 않는 즐거움을 향유할 수 있는 기회를 모두에게 주었다. 어쩌면 우리가 서 있는 공간에서도 그것이 가능하게 될지 모른다. 정치판의 송은이, 직장 내의 송은이, 학교와 동아리, 모임에서의 송은이가 나타나길 바란다.

에필로그 인터뷰:
또 악플이 달리겠지만

서영: 우리가 이대녀에 대한 책을 왜 쓰게 됐는지 기억나?

로라: 일단 이대남의 표심에 대한 뉴스가 너무 많이 나왔어. 이대남이 대체 뭐야? 난 처음에 '이화여대 다니는 남자'인 줄 알았어.

서영: 난 이대남 담론의 부상이 2021년 4월에 있었던 재보궐 선거의 결과라는 게 너무 화가 났어. 그 선거에서 회색 지대로 가능성을 보여준 건 오히려 이대녀들이었고, 심지어 이 선거의 원인이 지자체장의 성폭력 사건이었는데 다들 싹 잊어버린 것처럼 굴고. 그래서 이대녀도 있다는 걸 얘기하고 싶었어.

민주: 근데 책에는 많이 못 담았지만 실제 존재하는 20대 여성들을 한 집단으로 뭉뚱그려서 말하기에는 서로 너무 다른 것도 현실이라서. 단일하지 않은 이 사람들을 하나의 정치적 주체로 만드는 일은 무엇인가 하는 복잡한 고민이 들었어.

로라: 맞아. 그래서 나도 글에서 '우리'라는 말을 할 때, 그들이 페미

니스트들인지 이대녀들인지 혼동될 때가 있었어. 이대녀들 중에도 분명 안티페미니스트가 있을 것이고 나랑 생각이 다른 사람도 많겠지. 하지만 적어도 이대녀들의 관심사와 페미니즘의 사안들이 어느 정도 겹칠 것이라는 믿음은 있었어.

서영: 이대녀들이 지금과 완전히 다른 것을 원하고 있고, 엄청나게 결집된 목소리는 아니더라도 끊임없이 그런 바람을 표출하고 있단 건 보이는 것 같아. 그리고 어쨌든 나이는 흘러가는 거잖아. 이런 책은 우리가 이 시기에만 쓸 수 있는 것이기도 하다는 점에서 다음 세대의 이대녀들에게도 공감될 수 있는 문제의식을 잘 담으면 좋겠다고 생각했어. 다들 지금까지 이대녀로 사는 거 어땠어?

로라: 물론 정치적인 영역에서는 무력감이나 분노를 느끼는 경우가 많지만, 사실 일상에서는 꽤 즐거워. 나는 대중문화를 좋아하니까. 문화 향유자로서의 이대녀가 무시당해온 역사도 분명 있지만, 최근엔 어쨌든 대중문화 여러 영역에서 이대녀들이 굉장히 중요한 존재가 되었다는 느낌이 들어. 그리고 이대녀 스스로도 우리가 이 문화의 주인이라는 느낌, 이 문화에 대해 당당하게 말할 수 있고 요구할 수 있다는 그런 자신감이 생겼어. 그런 마음가짐으로 살 수 있는 분야가 있다는 건 좋은 것 같아.

서영: 요즘 아이돌 팬덤 안에도 페미니스트들이 많은 것 같아.

로라: 대부분의 팬덤 문화가 페미 이슈가 자주 언급되는 트위터를 기반으로 하다 보니까 페미니즘에 딱히 관심이 없는 사람도 어느 정도 관계를 갖게 되는 것 같아. 청원 참여해달라고 하면 해주고, 분노할 사안이 있으면 다 같이 분노하기도 하고.

서영: 그냥 그 문화의 주인이 20대 여성들이어서 가능한 것이기도 하겠다. 많은 여성들의 공통된 관심사이고, 너무 자기 문제니까.

로라: 맞아. 페미니즘 집단과 팬덤 집단의 세대적·성별적 정체성이 거의 일치한다는 것도 되게 중요한 지점인 것 같아, 이 문화가 서로 연결되는 데 있어서…. 근데 너무 상관없는 얘기를 하고 있나?

민주: 아냐, 재밌어. 난 사실 올해가 마지막 20대라. 사실 이대녀라고 통칭되지만 개인적으론 초반과 중반, 후반이 다른 것 같아. 초반 때는 그냥 대학 다니느라 얼레벌레 살았고, 중반 때는 사회운동과 정치에 관심 갖고 살았고. 후반 되어서 올해 일을 꽤 쉬면서 느낀 감각인데, 진짜 이렇게 삼대녀가 되고 있는 건가 싶어. 요새 현실적인 생각을 많이 하거든. 집과 돈과 주식과 보험! 사실 얼마 전에 새 직장에 첫 출근을 했는데 임금협상 하면서 나도 모르게 정말 집중해서 듣게 되고 내가 여기서 얼마 버티면 임금이 얼마 오를 건지 생각을 하게 되더라고. 이걸 어

떻게 주식에 투자할 건가, 이런 생각도 하게 되고.

서영: 음. 뭔가 의도했던 답변은 아닌데. 난 이대녀가 정치적 주체나 성적 주체보다는 성적 대상으로만 여겨지는 게 싫었단 얘기가 나올 줄 알았어.

로라: 난 살면서 정치 생각을 그렇게 많이 하지 않아서. (웃음)

민주: 난 성적인 생각도 별로 안 하고, 거의 금욕 생활을 하고 있다고. 어떻게 하면 돈 벌까, 이 생각밖에 안 해. (웃음) 그래도 본론으로 돌아가면, 나도 차별 문제를 더 흔하게 겪어야 하는 게 힘들었던 것 같아.

서영: 나는 약해 보이지 않으려고 애쓰는 시기였던 것 같기도 해. 〈SNL 코리아 시즌2〉 '주 기자가 간다' 첫 번째 클립이 나왔을 때도 주 기자가 잘해보려고 하다가 상사가 호통치니까 울면서 나가는 모습이 너무 나 같아서 너무 싫은 거야. 이어지는 회차들은 주 기자가 조금씩 훈련되면서 성장하는 캐릭터로 발전시켜주어서 좋았지만.

로라: 그 SNL 영상이 전혀 웃기지 않다고 생각하는 사람들의 마음도 이해가 되지만, 난 사실 주 기자 처음 봤을 때 좀 웃었어. 나는 오히려 나랑 너무 똑같다고 생각해서 웃겼어. 내가 잠깐 회사 다닐 때 딱 그랬거든. 난 대학 다닐 때는 내가 뭐든지 어느 정도 하는 줄 알았는데, 회사에 다니기 시작하면서 정말 많은

일들에 서투르다는 걸 새롭게 알게 됐었어. 나 자신의 서투름에 대해서 굉장히 고통스럽게 돌아봐야 되는 시간들이 있었지. 결국 회사를 그만둔 가장 큰 이유는, 그럼에도 불구하고 별로 능숙해지고 싶지 않아서였어. 능숙해지면 분명 지금보다 편해지겠지만, 그러고 싶지가 않은 거야. 나는 지금 회사를 떠났고, 나의 서투름을 일상적으로 마주해야만 하는 환경은 이제 벗어났어. 그래서 어느 정도는 나의 서투름을 받아들일 수 있게 된 것 같아. 주 기자를 보고 웃을 수 있었던 것도 그런 이유가 아닐까 싶어.

민주: 경험에 따라 다를 수 있을 것 같아. 나도 새 직장에서 실력을 인정받고 나에 대한 높은 기대에 부응하면서 나 자신을 증명해 보이고 싶은데 한편으론 그러지 못할 거라는 거 알거든. 왜냐면 내가 한 번도 안 해본 일들이니까. 그런 어떤 양가적인 마음이 다 들어. 나의 서투름에 대해서 용인을 안 해주면서 완벽을 요구하는 공간에 오래 있기도 했고, 서툰 사람들이 체계적으로 성장할 수 있는 시스템이 있는 곳에서 일해보지 못한 것 같아. 많은 이대녀들이 그렇겠지.

로라: 자기 서투름을 스스로가 용인할 수 없는 환경에 항상 가게 되는 것 같아. 그래서 그 서투름을 미워할 수밖에 없는 게 너무 슬프다.

서영: 생각해보면 나도 개인적 경험 때문에 그런 감정이 들었던 것
       같아. 완벽히 잘 설명해야 하는 상황이었던 적이 있었는데 그
       러지 못했거든. 근데 너무 눈물이 나는 거야. 나의 서투름이
       들통났을 때 너무 슬프더라고. 그리고 서투른 게 꼭 뭔가 나의
       부족함 때문만은 아닐 때도 있잖아. 물론 내가 부족한 걸 인정
       해야 하지만, 똑같은 얘기라도 들어줄 준비가 돼 있는 사람 앞
       에서 하는 것과 들어줄 준비가 하나도 안 돼 있으면서 해보라
       고 하는 사람들 앞에서 하는 것은 너무 다른데. 나는 준비가
       돼 있는 사람들인 줄 알고서 믿고 이야기를 시작했는데 안 돼
       있는 사람들이었던 거야. 그런데도 받아들이기가 너무 힘들더
       라. 난 정말 실력이 없구나 싶고.

민주: 그러니까 이런 것들이 모든 청년들이 한때 겪는 일인가 생각해
       보면, 다 그런 건 아닌 것 같아. 사람은 다 실수를 할 수 있고,
       정치 영역으로 가져가보면 초선 의원들이 언제 국회의원 해봤
       겠어. 다 어쩔 수 없이 갈팡질팡하면서 잘못하기도 하는 건데
       국회 전체에 특히 젊은 여성이 없으니까 이들이 너무나 큰 기
       대를 받고 의무감을 갖게 되는 것 같아.

로라: 맞아. 사실 내가 다녔던 회사는 여성이 좀 더 많았거든. 물론
       관리직은 남자가 많았지만. 어쨌든 주변에 일 잘하는 사람, 경
       력자들이 다 여자들이었어. 그래서 내가 여성으로서 뭔가를

증명해야 한다는 압박감은 별로 느끼지 않았는데, 그만큼 환경에 따라 달라지는 것 같아. 직장인들이 올린 트위터 보면 그렇게 일 못하는 남자들이 많은데 그렇게까지 문제되지 않는다는 글도 많잖아.

서영: 서투른 경험들도 많이 알려졌음 좋겠다. 유명한 여성들은 정말 훌륭하고 뛰어난 위인 같은 사람들이 많은데 따라 하려다 가랑이 찢어질 것 같아. (웃음)

민주: 나도 그래서 성장하는 이대녀 이야기를 보고 싶을 때가 있는데, 특히 정치 영역에선 그게 너무 힘든 것 같아. 이준석 대표를 생각해봐도 그와 비슷한 서사를 가진 여성 정치인을 본 적이 별로 없어서 아쉬워. 옛날에 등용되었던 이대녀들은 지금 어디서 뭘 하고 있을까.

서영: 자연스럽게, 이제 제일 쓰고 싶었거나 어려웠던 글이 뭐였는지 얘기해볼까.

민주: 난 탈코르셋 얘기를 제일 고민하면서 썼던 것 같아. 왜냐하면 이때 기자회견을 하러 가면서도 원피스에 대한 생각을 엄청 많이 했거든. 원피스를 입은 것이 핵심이 아닌데도 원피스라는 게 하나의 기표가 되어버린 느낌? 진짜 별거 아닌데. 그리고 이후에 쇼트커트가 페미니스트의 상징이 되어버린 시기가 도래해서 더 복잡했어. 쇼트커트가 문제냐고 하면 그건 또 아니니까.

서영: 공군 성폭력 사건에 내내 마음이 쓰여서 잘 담아보고 싶었어. 근데 쓰다 보니 여성이 군대에 대해 말하는 게 너무 어렵게 느껴져서, 그런 '말할 수 없음'에 대해 열심히 항변하면서 쓰긴 했는데 잘 썼는지는 모르겠어. 또 고민을 많이 하면서 썼던 건 총여학생회 이야기. 이제는 오래된 일이라고 생각하고 새로운 마음으로 쓰기 시작했는데 이게 나로서는 객관적으로 쓸 수 있는 주제가 아니어서 되게 어려웠던 것 같아.

로라: 난 서영의 총여학생회 글 좋았어. 그 시기를 같이 보낸 우리에게도 너무 중요하게 남아 있는 사건이기도 하고, 그 사건을 통해서 당시 페미니즘에 대한 사회적 인식을 돌아볼 수 있다는 생각이 들어. 민주 글에선 탈코르셋 글이 좋았어. 탈코르셋도 코르셋처럼 사람을 옥죄는 것 같단 느낌이 있었는데 민주처럼 탈코르셋을 해석하는 관점 좋은 것 같아. 그런 얘기가 많이 필요하다는 생각이 들었어.

민주: 난 알페스 글 재밌었는데.

로라: 나도 알페스 글을 제일 재밌게 썼어. 씁쓸한 면도 많았지만, 사실 그건 진짜 웃기는 사건이었던 것 같아. 더 웃긴 내용도 많았는데 다 못 담았어. 사실 알페스 처벌법 논란 때 정치권만 움직인 게 아니고 남초 커뮤니티에서도 '빨리 이 알페스라는 극악무도한 걸 통해서 페미들을 다 침몰시키자' 이런 분위기가

됐었거든. 그래서 그 사람들이 알페스 창작물이 자주 올라오는 사이트를 탐방하면서 알페스 창작자를 색출하려고 했는데, 그 과정에서 어떤 남초 사이트 유저가 알페스 창작물을 찾아서 읽다가 "여자들 글발이 왜 이렇게 좋냐", "보다가 울었다" 이런 글을 올리기도 하고. 어떤 유료 포스트가 알페스로 의심이 된다면서 후원을 받아서 결제하고 그 글을 사서 읽어보니 "속았지?"라고만 쓰여 있기도 했고.

민주: 그거 진짜 웃기다.

서영: 이 인터뷰에라도 넣자.

로라: 그러니까 여성들의 문화를 어떻게든 위협하려고 하는 이런 시도들이 계속 있었지만, 우리는 그 위협들을 재미있게 헤쳐나가기 위한 방법들을 계속 찾아내는 것 같아.

민주: 나 갑자기 생각난 거 있어. 사실 쓰고 싶은 주제가 하나 더 있었는데, 경험적인 내용보다 연구가 좀 필요할 것 같더라고. 정치에서의 여성 폭력에 대해 얼마 전에 토론회를 나가면서, 특히 악플 고소에 대해 다루고 싶어졌어. 난 악플에 크게 상처받는 타입은 아니라서 이런 사람이 써야 한다 싶은데. 3년 전에 고소한 게 아직도 경찰서에서 전화 오고 우편으로 뭐가 날아오거든. 그리고 최근까지도 사람들한테 계속 연락 와. "너 여기에 얼굴 올라갔다." 엄마 아빠도 다 알게 되면서 슬퍼하시고

페미니즘 활동하는 거 싫어하고 그랬는데, 젊은 페미니스트들에게 악플이 많이 힘든 일이라는 걸 좀 알게 됐어. 여초 커뮤니티에도 고소 경험이 있다는 얘기를 올리니까 진짜 많은 사람들이 비밀 댓글 달아가면서 물어봤거든. 생각보다 많은 사람들이 고통받는 부분인데 사회적 관심도가 너무 떨어져. 특히 일대일 채팅에서의 성폭력 같은 경우에는 법적으로 인정받기 어려운 현실도 있잖아.

서영: 맞아. 경찰들 반응은 늘 미적지근하고.

민주: 자꾸 악플 발견했던 시기를 나한테 입증하라고 해. 아니, 내가 어떻게 그걸 입증해? 기억이 안 나고 대충 이맘때쯤이라고 하면 증거를 달라 해서 결국 내 친구한테 연락해서 언제 이 사실을 알려줬는지 같은 걸 다 물어봤어. 다음에 기회가 되면 이 얘기를 꼭 써야지.

서영: 꼭⋯! 근데 이 책 나오면 뭐부터 할까?

민주: 사인 연습해야지.

서영: 악플 달리겠지?

민주: 아, 그렇네. (웃음) 나에 대한 악플 아니고 내 글에 대한 악플일 테니까 괜찮지 않을까? 그리고 여기에 악플 고소 경험이 있는 걸 썼으니까 좀 덜 달지 않을까?

서영: 근데 악플 다는 사람들은 책을 안 사기 때문에 여기까지 읽지

않아. 미리보기로 맨 앞에 목차 정도를 볼 테니까.

민주: 그렇군.

서영: 그러면 사인 연습하고 또 뭐 하지?

로라: 나는 책을 친구들에게 선물하고 싶어.

민주·서영: 나도.

로라: 우리 친구들이 많이 겹치지 않아?

서영: 명단 나눠서 하자. (웃음) 이제 거의 다 왔어. 정치에 대해 하고 싶은 말이 있다면?

로라: 정치가 생각보다 나의 일상과 굉장히 직결돼 있다는 걸 원래도 느꼈지만 이 책을 쓰면서 더 많이 체감한 것 같아. 그러니까 정치 얘기라고 할 때 어떤 당, 어떤 정치인을 지지하느냐를 넘어서 좀 더 폭이 넓어졌으면 좋겠다는 생각이 있어. 사람들이 그런 얘기를 많이 하게 되면 좋겠어.

민주: 나는 예전에는 페미니즘을 여성 정치인들의 몫으로만 미뤄놓는게 너무 싫었거든. 나이 많은 남성도 페미니즘에 대해 입장을 내야 한다고 생각했어. 그런데 정치 현실에서 일어나는 일들을 볼 때면 나이 많은 남성이 페미니즘에 대해 입장을 내는 것이 불가능한 일이 되어버린 걸까 싶은 마음이 들어. 결국 젊은 여성들이 훨씬 많이 정치 영역에 들어가는게 먼저 선행되어야 하는 것 같다는 생각이 드네. 애초에 젊은 여성 자체가 정

치 영역에 너무 적으니까. 한편으로는 페미니즘이 정치의 다양한 주제 중 하나로만 여겨지는 것도 시정되었으면 좋겠고. 정치 자체의 베이스를 페미니즘으로 두고 모든 정책들을 페미니즘적 사고에 기반해 만드는 것도 난 가능하다고 생각해.

서영: 나는 강남역 사건으로 페미니스트가 된 많은 이대녀들이 자연스럽게 혹은 필연적으로 '결국 정치가 바뀌지 않으면 안 되는 거구나'라는 걸 익혀버린 세대라고 생각해. 가장 정치에 대한 환멸과 분노가 크면서도, 정치를 믿고 바꿔야만 한다는 열망이 가장 강한 사람들인 것 같아. 그래서 이 사람들이 어디에 있든 계속해서 정치적인 목소리를 내고 정치적인 역할들을 같이할 수 있었으면 좋겠다는 생각을 많이 했어. 이 책도 아무래도 정치에 관심 있는 이대녀들이 많이 보게 되겠지?

민주: 오대남들이 보고 반성해야 되는데.

서영: 맞아…. 정치는 이 사실을 아는 사람들이 해야 된다는 생각이 많이 들었어. 파이를 빼앗겼다는 굴절혐오(자신보다 권력이 많은 사람에게 불만을 가지는 사람이 자신보다 권력이 적은 사람에게 혐오감을 나타내는 것)를 하고 있는 이들이 아니라 정치에 마지막 희망을 걸고 이걸 비판적으로 보면서도 여기서 답을 찾고자 하는 사람들에게 귀를 기울여야 되는 거잖아.

민주: 여러분, 이 책 도서관에 신청해주시고…. (웃음)

서영: 부끄러운 글이지만 읽어주셔서 감사합니다.

로라: 어떤 분이 읽게 될지는 모르겠지만 저는 이런 생각을 하는 사
람도 있다는 걸 누가 알아줬으면 좋겠다는 마음으로 열심히
썼기 때문에, 알고 있는 내용이었다면 공감을 하면서 읽어주
셨으면 좋겠고, 모르는 내용이었다면 이런 세계가 있구나 하고
생각해주시면 좋겠네요. 세상에 우리 같은 사람도 있고, 우리
같은 정치가 있다는 게 많이 알려졌으면 좋겠어.

서영: 나도 쓰면서 괴로웠던 부분 중 하나는, 책은 훌륭한 사람들만
쓰는 거라는 인식이 있어 가지고, 내가 책을 써도 되는 사람인
지 별로 자신이 없었어. 어쨌든 나도, 여러 가지 부조리가 있지
만 매일매일 고민하면서 살아가는 여성 정당 활동가가 있다는
흔적을 남겨보고 싶기도 했고. 좀 더 많은 사람들이랑 많은 여
성들이랑 같이 정치를 하고 싶고. 정치라고 하면 꼭 정치인을
얘기하는 건 아니기 때문에 이 책을 기회로 더 많은 사람들을
만날 수 있다면 그것도 참 좋은 일이겠다 싶습니다.

민주: 나는 사실 '정치'라는 단어가 쓰인 책을 집어 드는 건 어렵다고
생각하는데. 이 책을 집어 든 독자라면 그게 정치라는 것 때문
에 집어 들었든, 이대녀라는 것 때문에 집어 들었든 본인의 의
견에 대한 무수히 많은 반대에 부딪혀본 사람일 수 있겠다는
생각이 들어. 정치에 관심 있는 20대 여성은 그냥 존재만으로

도 되게 희미하게 여겨지고, 그 사람들이 자기 의견을 내는 순간 "잘 몰라서 하는 소리"라는 말을 많이 듣는 것 같아. 나도 정치 영역에서 많은 사람들 만나보면서 겪었고. 그런 말들을 들었을 때는 '내가 진짜 그런가?' 의심했는데, 지나고 나면 당시에 내가 했던 결정, 고민, 의문들이 일정 부분 수정된 것도 있지만 심각하게 많이 틀리지는 않았었더라고. 그래서 이 책을 읽는 분들이면 다양한 견해를 갖고 있을 텐데 그것에 대해 사람들이 반대하거나 틀렸다고 하거나 네가 잘 모른다고 이야기를 할 때 그것을 아주 심각하게 듣지 않았으면 좋겠다는 생각이 들어요. 설령 조금 수정이 되더라도 큰 틀에서는 틀리지 않았을 테니까, 이제 이 썩어버린 정치판에서 새 판을 깔고 좋은 정치를 만드는 길에 함께했으면 좋겠어요.

서영: 이대녀가 살아갈 미래에는 우리의 메시지를 수신하고 제대로 응답할 수 있는 정치에만 정치의 이름이 허락되길 바라요. 또 악플이 달리겠지만, 우린 아직 할 말이 많으니까.

판을 까는 여자들

© 신민주 노서영 로라, 2022

초판 1쇄 인쇄 2022년 2월 17일
초판 1쇄 발행 2022년 2월 25일

지은이   신민주 노서영 로라
펴낸이   이상훈
편집인   김수영
본부장   정진항
편집1팀   이윤주 이연재 김진주
마케팅   김한성 조재성 박신영 조은별 김효진 임은비
경영지원   정혜진 엄세영

펴낸곳   ㈜한겨레엔 www.hanibook.co.kr
등록   2006년 1월 4일 제313-2006-00003호
주소   서울시 마포구 창전로 70 (신수동) 화수목빌딩 5층
전화   02) 6383-1602~3 | 팩스 02) 6383-1610
대표메일   book@hanien.co.kr

ISBN   979-11-6040-772-3 03330